I0682647

本书编写组

策　　划：李耐儒

编　　注：李　凯

丛书策划

朱岳桢　杜道灿

前　言

根据上海市老年教育“十二五规划”提出的实施“个、十、百、千、万”发展计划中“编写100本老年教育教材，丰富老年学习资源，建设一批适合老年学习者需求的教材和课程”的要求，在上海市学习型社会建设与终身教育促进委员会办公室、上海市老年教育工作小组办公室和上海市教委终身教育处的指导下，由上海市老年教育教材研发中心会同有关老年教育单位和专家共同研发的“上海市老年教育普及教材”，共100本正式出版了。

此次出版“上海市老年教育普及教材”的宗旨是编写一批能体现上海水平的、具有一定规范性及示范性的老年教材；建设一批可供老年学校选用的教学资源；完成一批满足老年人不同层次需求的、适合老年人学习的、为老年人服务的快乐学习读本。

“上海市老年教育普及教材”的定位主要是面向街（镇）及以下老年学校，适当兼顾市、区老年大学的教学需求，力求普及与提高相结合，以普及为主；通用性与专门化相兼顾，以通用性为主。编写市级普及教材主要用于改善街镇、居村委老年学校缺少适宜教材的实际状况。

“上海市老年教育普及教材”在内容和体例上尽量根据老年人学习的特点进行编排，在知识内容融炼的前提下，强调基础、实用、前沿；语言简明扼要、通俗易懂，使老年学员看得懂、学得会、用得上。教材分为三个大类：做身心健康的老年人；做幸福和谐的老年人；做时尚能干的老年人。每个大类包含若干教材系列，如“老年人万一系列”“中医与养生系列”“孙辈亲子系列”“老年人心灵手巧系列”“老年人玩转信息技术系列”等。

“上海市老年教育普及教材”在表现形式上，充分利用现代信息技术和多媒体教学手段，倡导多元化教与学的方式，创新“纸质书、电子书、计算机网上课堂和无线终端移动课堂”四位一体的老年教育资源。在已经开通的“上海老年教育”App上，老年人可以免费下载所有教材的电子版，免费浏览所有多媒体课件；上海老年教育官方微信公众号“指尖上的老年学习”也已正式运营，并将在2015年年底推出“老年微学课堂”，届时我们的老年朋友可以在微信上“看书”“听书”“学课件”。

“上海市老年教育普及教材”编写工作还处于起步阶段，希望各级老年学校、老年学员和广大读者提出宝贵意见。

上海市老年教育普及教材编写委员会

2015年6月

目 录

第三章　礼

第四章　智

第一章

仁

一

子贡①曰："如有博施于民而能济众，何如？可谓仁乎？"子曰："何事于仁！必也圣乎！尧舜其犹病诸！夫仁者，己欲立而立人，己欲达而达人。能近取譬②，可谓仁之方也已。"（出自《论语·雍也》）

注 ① 子贡：孔子的弟子端木赐，复姓端木，字子贡。孔子的得意门生，"孔门十哲"之一，"受业身通"的弟子之一，孔子曾称其为"瑚琏之器"。

② 譬：譬喻。

今译

子贡说：“如果有人能做到广施恩惠，救济众人，这个人怎么样？可以称得上仁吗？”孔子说：“何止是仁德！必定是圣德了！尧舜恐怕都难以做到啊！所谓仁者，是指想自己立身也帮助别人立身，想自己通达也帮助别人通达。能够根据自身的情况去设想他人，可以说是为仁的方法。”

赏读

孔子口中的仁者，拥有典型的换位思考方式。你希望自己能够立身、通达，别人也会有同样的愿望，所以就要帮助别人也达成所愿。这并不意味着从饮食爱好到生活习惯，所有的事情都要推己及人按照自己的标准来，而是说在实现人生价值等有共同诉求的问题上，要懂得为别人着想，多体谅别人、帮助别人。

这种终极智慧，是古今中外皆通的。所以我们在《圣经新约》的《马太福音》和《路加福音》中都能看到类似的表述：“你们愿意人怎样待你们，你们也要怎样待人。因为这就是律法和先知的道理。”这一道理，每一个地域、每一个时代的人都会认同。

仲弓问仁。子曰：“出门如见大宾，使民如承大祭。己所不欲，勿施于人。在邦[①]无怨[②]，在家无怨。”仲弓曰：“雍虽不敏，请事斯语矣。”（出自《论语·颜渊》）

① 邦：指诸侯之邦，后“家”指卿大夫之家。或说在邦、在家泛指在外、在内。

② 无怨：指不为人所怨。或说是“不怨天不尤人”之意。

仲弓请教什么是仁。孔子说：“出门在外，待人接物好像会见重要的宾客；在位任职，役使民力好像承担重大的祭祀。自己不想要的，就不要施加给别人。不论在邦在家，都不会招致怨恨。”仲弓说：“我虽然迟钝，也会力行老师的教诲。”

赏读

如果说“仁”从积极方面来讲是“推己及人”，那么从消极方面来说就是“己所不欲，勿施于人”。

战国时期，有一个叫白圭的人，他善于修筑堤坝，兴修水利。跟孟子谈起“大禹治水”的事情时，他说：“我治水的本领比禹好。”孟子说：“你错了，大禹治水，是顺着水的本性疏导，所以把四海当作水的归处。而你现在却把邻国当作大水坑，让水都流到邻国去。但是这违背了水的本性，水就会倒流回来，成为洪水，带来更大灾难。凡是有仁爱之心的人都不会这样做。所以你错了。”

白圭这种只为自己国家考虑而不为邻国考虑，与只考虑自己而不顾及邻人的人一样，都是没有仁德的表现，最终难免要害人害己。毕竟，天道有常，“应之以治则吉，应之以乱则凶”。

或许正如《全球伦理宣言》所说的那样：“‘己所不欲，勿施于人’或者换用肯定的措辞，即‘你希望人怎样待你，你也要怎样待人’，应当在所有的生活领域中成为不可取消的和无条件的规则。”

颜渊问仁。子曰："克己[1]复礼为仁。一日克己复礼，天下归仁焉。为仁由己，而由人乎哉？"颜渊曰："请问其目[2]。"子曰："非礼勿视，非礼勿听，非礼勿言，非礼勿动[3]。"颜渊曰："回虽不敏，请事斯语矣。"（出自《论语·颜渊》）

注

① 克己：主要有三种解释。一、何晏《论语集解》引马融注："克己，约身。"约有约束意，约身犹言修身。二、朱熹《四书集注》："克，胜也。己，谓身之私欲也。"意为克制己之私欲。三、皇侃《论语义疏》引范宁注："克，责也。"意为苛责己之失礼。

② 目：条目、要目。

③ 动：行动。

今译

颜渊请教什么是仁。孔子说："约束自己，使自己的言行合于礼，就是仁。假若有一天真的做到了克己复礼，天下都会将仁德的美名归于你。实践仁道全在于自己，怎么会在于别人呢？"颜渊说："请问践行仁道的要目。"孔子说："不合礼的事不看，不合礼的话不听，不合礼的话不说，不合礼的事不做。"颜渊说："我虽然迟钝，也会力行老师的教诲。"

赏读

在孔子眼中，克制、约束自己，遵从礼仪规范，不合乎礼仪的事情不去做，就能逐渐提升自我，这也就是"仁"了。这个道理看起来并不高深复杂，但在日常生活中始终如一地贯彻却也不易，所以颜回说自己虽然比较迟钝，却会力行。

但在朱熹看来，这个“克”已经不仅仅是克制，而是“克服”了，克服我们心里的私欲；“礼”也不仅仅是具体的礼仪，而是“天理”，所以他说：“克是克去己私。己私既克，天理自复。譬如尘垢既去，则镜自明；瓦砾既扫，则室自清。”又说：“天理人欲，相为消长，克得人欲，乃能复礼。”也就是说，只有战胜自我的私心，才能复归天理，进而到达“仁”这一完美的道德境界。

子曰：“刚、毅、木[①]、讷[②]近仁。”（出自《论语·子路》）

① 木：质朴。
② 讷：忍而少言。

孔子说：“刚强、果决、质朴、慎言，这四种品德接近于仁。”

为什么孔子认为刚强、果决、质朴、慎言这四种品德近乎仁呢？刚是说一个人的意志坚强，毅是果敢果断，木是内心质朴，讷是慎于言。“仁者不忧”，一个内心刚强、遇事果断、心灵简单并且谨言慎行的人，更能接近万物本质，哪里会忧虑呢？

孔子曾经说过：“暴虎冯河，死而无悔者，吾不与也。必也临事而惧，好谋而成者也。”他欣赏那种遇事谨慎，善于通过巧妙谋划获取成功的人，而不是有勇无谋的人。所以一个仁者，除了刚、毅之外，还要木、讷。

孔子一向主张慎言，在《论语·学而》中他还说过："君子食无求饱，居无求安，敏于事而慎于言，就有道而正焉，可谓好学也已。"

除了说过"刚、毅、木、讷近仁"之外，孔子还说："巧言令色，鲜矣仁。"意思是："花言巧语，伪装善貌，这样的人很少有仁德。"这两句话可以对照理解，刚毅的人决不会有令色，木讷的人决不会有巧言。换句话说，仁者必直言正色。人与人的相处，可贵在于不伪善，而以善色好言迎合于人，这不是仁道。

子贡问为仁。子曰："工欲善其事，必先利其器。居是邦也，事其大夫之贤者，友其士之仁者。"（出自《论语·卫灵公》）

子贡请教怎样培养仁德。孔子说："工匠如果想做好自己的工作，必然先要使工具锋利。居住在一个国家，要侍奉卿大夫中的贤者，要结交士人中的仁者。"

表面上看起来，工匠做工与修养德行是风马牛不相及的事情，但孔子把两者相提并论。何故？何晏在《论语集解》中引孔安国注说："工以利器为用，人以贤友为助。"工匠做工需要使用工具，在开始工作之前要厉兵秣马，做好准备工作，这样才能事半功倍。人修炼自己的德行也是同样的道理，我们需要贤者、仁者的帮助。所以，选择贤友并且与他们交往，在潜移默化中提升自己的思想境界，这跟《论语·颜渊》中曾子说君子“以友辅仁”是同样的道理。

孔子还说过另一句话：“无友不如己者。”虽然这句话的理解历来都有争议，但恐怕讲的也是同样道理，正所谓“近朱者赤，近墨者黑”，慎重选择交往对象非常重要，我们的生活环境也非常重要。

子曰：“不仁者不可以久处约[1]，不可以长处乐。仁者安仁，知[2]者利仁。”（出自《论语·里仁》）

① 约：贫困。

② 知：通“智”。

孔子说：“没有仁德的人不能长久处于穷困，也不能长久处于安乐。有仁德的人安于仁，有智慧的人会把仁当作有利的事物。”

赏读

“仁者安仁”一向没有异议，但“知者利仁”却争议颇多。朱熹在《朱子语类》中说：“安仁者不知有仁，如带之忘腰，履之忘足。利仁者是见仁为一物，就之则利，去之则害。”他打了个很好的比方，仁者对于仁，就像是天天系着腰带，却根本记不得腰的存在；就像是天天穿着鞋子，根本想不起脚的存在。那是一种相当舒适的状态，带履犹仁，腰足犹人，仁人合一，所以也就意识不到其存在，晏然自安。而智者对于仁，把它看作是一种对自己有用的事物，就好像腰带、鞋子、筷子、眼镜一样，接近它就会对自己有利，丢弃它会对自己有害。需要的时候就使用，不需要的时候就把它搁置一旁。

有人质疑朱熹的说法，认为说智者把仁当成一种对自己有利的工具，恐怕有损智者形象。于是把“知者利仁”解释成“智者会做有利于仁的事情”，聊备一说。其实在《论语·雍也》中，孔子说过：“知者乐水，仁者乐山。知者动，仁者静。知者乐，仁者寿。”仁者和智者本来就不一样，是否意识到腰带、鞋子的存在，以及是否认为腰带对我们有利，只是见仁见智吧。

七

子曰：“志士[①]仁人[②]，无求生以害仁，有杀身以成仁。”（出自《论语·卫灵公》）

注

① 志士：有远大志向、坚定意志的人。

② 仁人：有仁德的人。

孔子说：“志士仁人，没有为了乞求苟全性命而损害仁德的，只有牺牲自己的生命以成全仁德的。”

仁者爱人，假如人与人之间都能相互关爱，仁义地对待彼此，也就世界大同了。但是在达到这种理想状态之前，当我们的利益甚至生命安全与仁德发生冲突的时候，该作何选择？孔子给出了答案："凡是真正的仁人志士，会不顾自己的性命，选择仁德。"

根据美国心理学家马斯洛的需求层次理论，人有五种层次的需求，像阶梯一样从低到高排列分别是：生理需求、安全需求、社交需求、尊重需求和自我实现需求。一般来说，只有在满足了低一层级的需求之后，人类才能出现更高级的需要。然而，总是会有特殊情况。

人固然跟一切生物一样，有求生的本能，但这是最低层次的生理需求。人还有最高层次的需要，比如对爱的需要、对自我实现的需要。作为人类最高层次的需要，自我实现是指实现个人理想、抱负，达到自我完善的境界，这种境界可以给人极致的快乐。无疑，对志士仁人来说，自我实现的需要是高于一切的，为了心中的至善，他们可以超越最根本的生命安全需要。

子曰："唯仁者能好①人，能恶人②。"（出自《论语·里仁》）

① 好（hào）：喜爱。

② 恶（wù）：厌恶。

今译

孔子说："只有心怀仁德的人，能公正地喜爱那应当喜爱的人，能公正地憎恶那应当憎恶的人。"

赏读

仁者公正无私，能做到好恶得当。因为无私心，故能审人之好恶。他们的言行不加矫饰，以真情示人，所以喜欢什么、憎恶什么，分辨得清清楚楚。而不仁之人因为有自私自利之心，所以总是会讨好人、迎合人，于是同流合污，而不会有自己真正的好恶。

在《论语·子路》中，子贡问孔子："乡里的人都喜欢他，怎么样？"孔子回答说："不可以。"子贡又问："乡里的人都厌恶他，怎么样？"孔子回答说："不可以，不如让乡里的好人都喜欢他，坏人都厌恶他。"所以，在孔子心中，尽管仁者"爱人"，但不是不加区别地爱所有人，而是公正地对待每个人。好仁而恶不仁，这才是仁者。

真正的"仁"，是一种非常高的道德境界，仁者既要"爱"别人，同时也应该有识人之明以及公正之心。所以，也就应该爱其当爱，恶其当恶。

九

子张问仁于孔子。孔子曰："能行五者于天下为仁矣。""请问之。"曰："恭[①]，宽[②]，信[③]，敏[④]，惠[⑤]。恭则不侮，宽则得众，信则人任焉，敏则有功，惠则足以使人。"（出自《论语·阳货》）

① 恭：庄重、肃敬。
② 宽：宽厚。
③ 信：诚信。
④ 敏：勤敏。
⑤ 惠：施与恩惠。

今译

子张向孔子问仁。孔子说："能够处处实行五种品德的，就是仁人了。"子张说："请问是哪五种品德。"孔子说："庄重、宽厚、诚信、勤敏、慈惠。庄重就不至于遭受侮辱，宽厚就会得到众人的拥护，诚信就能得到别人的任用，勤敏就会有效率，施与恩惠就能更好地调动别人。"

赏读

在《论语》中，樊迟一共三次问仁。在第三次问仁的时候，孔子回答说："居处恭，执事敬，与人忠。虽之夷狄，不可弃也。"这个答案可以与这则"子张问仁"对照解读。

"恭"是仁者要有的态度，不卑不亢，不迁怒不贰过，实属不易。"宽"与"信"，我们发自内心的宽厚与表现出来的诚信，一内一外，都能得到回馈，帮我们赢得人心。而"敏"与"惠"，自己勤勉敏捷，同时也能寻求他人的支持帮助，一己一人，内力外力，共同使得事情更加顺畅。

恻隐[1]之心，仁之端[2]也；羞恶[3]之心，义之端也；辞让[4]之心，礼之端也；是非之心，智之端也。（出自《孟子·公孙丑上》）

注

① 恻隐：同情、怜悯。

② 端：开始、发端。

③ 羞恶：对自己或别人的坏处感到羞耻厌恶。

④ 辞让：谦逊推让。

同情怜悯之心，是仁的发端；羞耻厌恶之心，是义的发端；谦逊推让之心，是礼的发端；辨别是非之心，是智的发端。

赏读

在同一篇《公孙丑上》中，孟子说：“人皆有不忍人之心。”为了证明这句话，他举例说明：假如我们看到一个懵懂无知的小孩子，正在往井边爬去，马上就要掉到井里，可是他丝毫不知道危险。这时候我们会怎么做呢？大家都会产生同情怜悯的感情，会上去阻拦，避免惨剧发生。我们为什么这么做呢？不是因为想要借此跟小孩子的父母攀交情，不是想要在乡邻面前赢得好名声，也不是因为厌恶孩子掉进井里之后哭叫的声音，只是因为我们每个人天生都有恻隐之心。假如没有这种同情心，那他简直不能称作是人。而这种恻隐之心，也正是“仁”的发端。

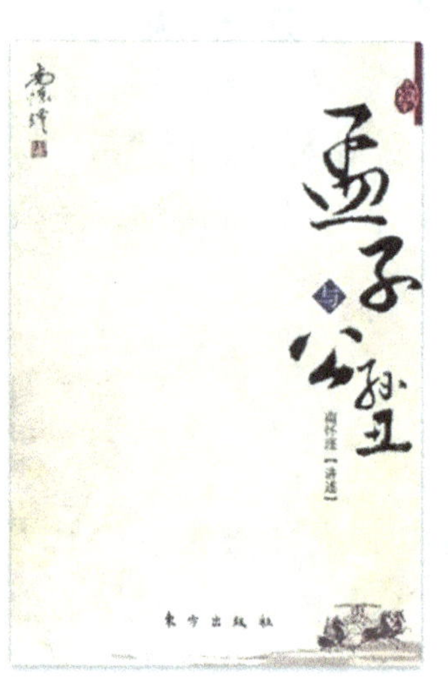

正是因为有这种“不忍人之心”，所以就有了“不忍人之政”。由于人人都有这种固有的“不忍人之心”，所以“不忍人之政”自然就是理所应当的。于是，“以不忍人之心，行不忍人之政，治天下可运之掌上”。这也正是孔子、孟子毕生追求的“仁政”理想。

1. 关于什么是“仁”，孔子对子贡、仲弓、颜渊、子张等人的回答各有侧重点、各有不同，请作具体分析，然后综合起来谈谈你对孔子所说的“仁”的理解和认识。

2. 后世的儒者都遵从孔子的信念，如孟子提出“舍生取义”，董仲舒提出“正其义不谋其利”，都力图追求道德精神的完善。那么，你认为儒家价值观的核心是什么？说说这些观点对你现实生活的启示。

3. 孔子所说的“仁”，主要是指人内在的道德修养。但是，一个人是否有道德修养，是否达到仁的标准，该用什么来衡量？请谈谈你的看法。

第二章 义

一

鱼，我所欲[1]也，熊掌亦[2]我所欲也；二者不可得兼[3]，舍鱼而取熊掌者也。生亦我所欲也，义亦我所欲也；二者不可得兼，舍生而取义者也。(出自《孟子·告子上》)

注

① 欲：喜好、喜爱。

② 亦：也。

③ 得兼：两种东西都得到。

鱼是我所想要的，熊掌也是我所想要的，如果这两种东西不能同时得到，那么我宁愿舍弃鱼而选取熊掌。生命是我所想要的，正义也是我所想要的，如果这两样东西不能同时得到，那么我宁愿牺牲生命而选取大义。

赏读

孔子的“杀身成仁”与孟子的“舍生取义”，异曲同工，殊途同归。生命当然是非常宝贵的，可是假如为了保全生命，是不是任何事情都可以做呢？“所欲有甚于生者，所恶有甚于死者。非独贤者有是心也，人皆有之，贤者能勿丧耳。”这个世界上有比生命更宝贵的东西，人人都会有这个思想，然而只有贤者才能做到。

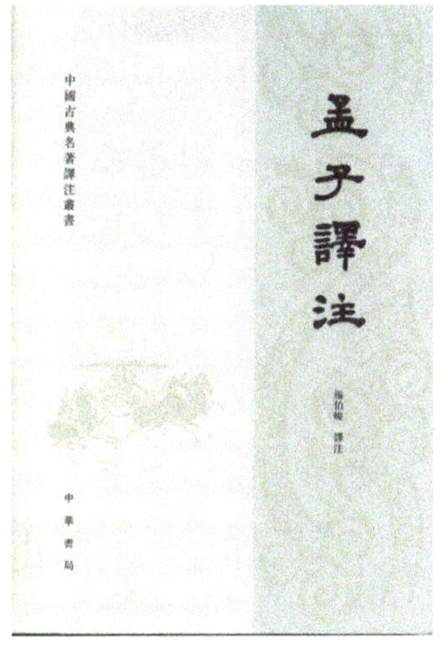

为此，孟子举例说明：“一箪食，一豆羹，得之则生，弗得则死，呼尔而与之，行道之人弗受；蹴尔而与之，乞人不屑也。”一小筐饭、一小碗汤，假如得到它吃了，就可以保全性命，否则就要饿死。然而即便如此，如果是轻蔑地呼喝着叫别人吃，哪怕是饥饿的过路人都不愿接受；如果是用脚踢着给别人吃，那就连乞丐都不屑要了。

二

孟子曰：“大人①者，言不必信②，行不必果③，惟义所在。”（出自《孟子·离娄下》）

注

① 大人：指德行高尚、志趣高远的人。
② 信：诚实不欺。
③ 果：成就、实现，表示事情与预期相合。

孟子说："德行高尚的人，说话不一定句句守信，做事不一定非要达到预期的结果，只要合乎道义就可以。"

赏读

在《论语·子路》里，与子贡讨论士的标准时，孔子曾经这样说过："言必信，行必果，硁硁然小人哉！"这可以与孟子的这句话放在一起品读。

在这里，"小人"不是说行为卑鄙的人，而是指见识浅狭的人，与"大人"相对。而"硁硁"，钱穆先生的解释是"不问是非地固执己见"，来可泓先生认为是"浅陋固执"。也就是说，一定要坚持"言必信，行必果"的，是见识浅狭的小人。跟"小人"相对的"大人"，则会"言不必信，行不必果，惟义所在"。

孔子与孟子，一正一反，从不同的角度，共同说明了"信"这个问题。虽然孔子说过"人而无信，不知其可也"（《论语·为政》）。但另一方面，孔子也没有要求我们拘泥不知变通，而变通的标准，在孟子看来就是"惟义所在"。而孟子的"义"和孔子的"仁"一样，都是至高无上的道德标准。

子曰："饭疏食①饮水，曲肱②而枕之，乐亦在其中矣。不义而富且贵，于我如浮云。"（出自《论语·述而》）

① 疏食：粗粝的饭食，糙米饭。

② 曲肱：弯着胳膊作枕头。后以“曲肱”比喻清贫而闲适的生活。

孔子说：“吃粗粮，喝冷水，弯着胳膊当枕头，其中也有它的乐趣。用不正当的手段得来的富贵，对我来说就像是天上的浮云一样。”

孔子并非极力提倡“安贫乐道”，他强调的是“不义而富且贵，于我如浮云”。至于富与贵本身，是人天然会有的欲望，君子并非不能接受。

“饭疏食饮水，曲肱而枕之”，对于“大人”“君子”来说，“乐亦在其中矣”，其中是可以有乐趣的，但并不是只有这样才有乐趣。一个仁者，可以“久处约”，也可以“长处乐”，他们并不抗拒富与贵，只是要求它们合乎义。

孟子就是这么做的，他曾经在齐国担任客卿，因为与齐王意见不合，于是辞去官职离开。齐王托人挽留孟子，愿意给他在齐国国都的城中心建一所房子，还赠送给他万钟粮食以保障弟子们的日常生活，但是被孟子严词拒绝。

子曰：“君子喻[1]于义，小人喻于利。”（出自《论语·里仁》）

① 喻：知晓、明白。

孔子说："君子只需晓以大义，小人需要动之以利。"

赏读

《论语》中，经常出现"大人""君子"与"小人"对举的情况，他们的根本区别在于是否追求"仁义"，是否把立志成为一个有仁义的人作为毕生追求。正因为如此，君子与小人的价值观不同，君子看重的是思想道德修养，"是非之心，义之端也"，所以君子于事必辨其是非，以是否合乎道义作为行事标准。小人则不同，小人于事必计其利害，以是否对自己有利作为标准。

其实孔子未必是在否定"利"的合理性。《易传》中说"利者，义之和也"。"义"和"利"并非水火不相容，只要我们能够按照道义行事，那么利也就在其中了。孔子还说："见利思义，见危授命，久要不忘平生之言，亦可以为成人矣。"意思是说，在私利面前能够想到道义，遇到危难能够挺身而出，虽然长期生活在贫困之中，也没有忘记平生的诺言，这样就可以说是一个十全十美的人了。

子曰："群居终日，言不及义，好行小慧[1]，难矣哉！"（出自《论语·卫灵公》）

① 慧：聪明、才智。

孔子说："一群人整天待在一起，不说一句涉及道德原则的话，喜欢卖弄小聪明，对这种人进行教化真是难啊！"

"言不及义"现在的意思表示说话不涉及正经道理。除了这种人之外，孔子还为另一种人发出过"难矣哉"的评论："饱食终日，无所用心，难矣哉！不有博弈者乎？为之，犹贤乎已。"（《论语·阳货》）意思是说，整天吃饱了饭，什么心思也不用，教他们真是太难了！不是还有下棋的游戏吗？做这个，也比闲着好。

可能这是国人身上一直都有的毛病，所以到了明末清初的时候，著名学者顾炎武批评当时南方的读书人是"群居终日，言不及义"，而北方的读书人是"饱食终日，无所用心"。

到了民国时期，鲁迅在《北人与南人》中这样写道："北人的优点是厚重，南人的优点是机灵。但厚重之弊也愚，机灵之弊也狡，所以某先生曾经指出缺点道：北方人是'饱食终日，无所用心'；南方人是'群居终日，言不及义'。就有闲阶级而言，我以为大体是的确的。"

多行不义，必自毙[①]。（出自《左传·隐公元年》）

① 毙：失败。

不义的事情干多了，必然会自取灭亡。

这是一句流传甚广的熟语，典故来自一个著名的兄弟相争的故事。春秋战国时期，郑国国君郑武公的妻子姜氏有两个儿子，大儿子是后来的郑庄公，小儿子名叫共叔段。姜氏不喜欢庄公，喜欢小儿子，屡次请求立小儿子为太子，郑武公始终没答应。

等到庄公即位当上了郑国国君，母亲姜氏替小儿子请求把“制”这个地方作为他的封邑。庄公没同意，把京邑分封给了弟弟。但京邑的大小也是不合法度的，违反了先王的制度。于是有大臣提出异议，并且说应该早点处置共叔段，不让他的势力蔓延。如果蔓延开来，就难对付了。但庄公的回答是：“多行不义，必自毙，你暂且等着看吧。”

后来，共叔段的行为果然越来越放肆，终于到了修整铠甲和武器，准备偷袭郑国国都的程度。庄公得知了偷袭的日期，就提前派兵前去攻打京邑，最后以共叔段大败逃跑告终。

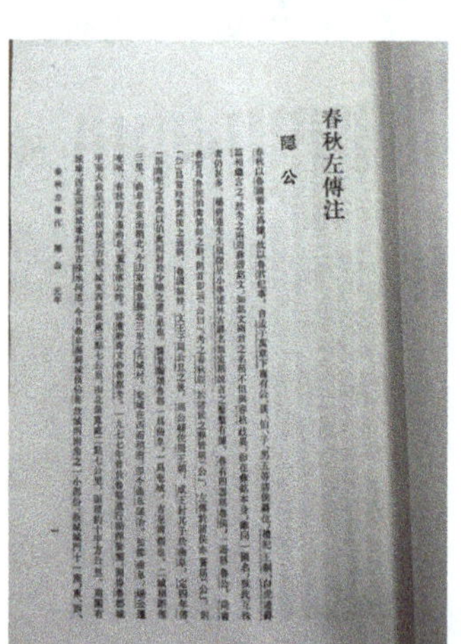

春秋左傳注

隱公

在这个兄弟权位相争的故事中，按照立长子为继承人的传统观念，郑庄公代表正义的一方，是“天理”所在。而觊觎王位的弟弟共叔段和偏心的母亲姜氏，就是“不义”的那一方，正所谓“得道多助，失道寡助”，所以郑庄公会义正词严地说出“多行不义，必自毙”这句流传千年的话。

水火有气而无生，草木有生而无知，禽兽有知而无义，人有气、有生、有知，亦且[①]有义，故最为天下贵也。（出自《荀子·王制》）

① 亦且：又、而且。

水、火有气却没有生命，草、木有生命却没有知觉，禽、兽有知觉却不讲道义，人有气、有生命、有知觉，而且讲究道义，所以人是天下最高贵的。

赏读

在《荀子·王制》中，荀子这样讲道："人的力气不如牛，奔跑不如马，但牛、马却被人役使，为什么呢？因为人能结合成社会群体，而它们不能结合成社会群体。人为什么能结合成社会群体？因为有等级名分。等级名分为什么能实行？因为有道义。所以，根据道义确定了名分，人们就能和睦协调；和睦协调，就能团结一致；团结一致，力量就大；力量大了，就强盛；强盛了，就能战胜外物；所以，人才有可能在房屋中安居。也因为这样，人才能依次排列四季，管理好万事万物，使天下都得到利益，这并没有其他的缘故，而是从名分和道义中得来的。"这就是"道义"的重要作用，所以人片刻不能舍弃礼义。

在荀子看来，人和禽兽的区别就在于有没有道义。不管是孔子的"仁"也好，还是孟子的"义""浩然正气"也好，都是在强调我们要有一种居仁行义、尊道贵德的人生态度。但是并非所有人都能“有知，亦且有义”，所以黑格尔才说：“人间最高贵的事就是成为人。”

八

儒有委[1]之以货财，淹[2]之以乐好，见利不亏其义；劫[3]之以众，沮[4]之以兵，见死不更其守。（出自《礼记·儒行》）

注

① 委：付托、给予。
② 淹：沉溺。
③ 劫：威胁。
④ 沮：恐吓。

儒者有这样的品格：赠送给他们财物，让他们沉溺在所喜爱的东西之中，也不会使他们见利忘义；用众人相威胁，用武力相恐吓，也不会使他们在死亡面前改变操守。

赏读

《儒行》是《礼记》中的第四十一篇，通过孔子与鲁哀公的对话，从容貌、备豫、近人等方面，向我们讲述了一个真正儒者的行为：“儒有不陨获于贫贱，不充诎于富贵，不慁君王，不累长上，不闵有司，故曰儒。”

虽然“见利不亏其义”只是“君子儒”的特点之一，但代表了他们特有的品格，那就是不为外在的名利所牵制，一心按自己的志节去行动。不管是《论语·宪问》中的“见利思义，见危授命”，还是刘向《新序·义勇》中的“见利不动，临死不恐”，讲的都是千百年来中国知识分子追求的理想人格。

1. 你认为什么是“义”？它跟“仁”有什么关系？

2. 孟子提出了“鱼和熊掌不可得兼”的问题和应当“舍生取义”的观点，那么在现代社会，面对愈来愈多的诱惑，面对人生的各种考验，面对宝贵的生命，我们应当做出怎样的选择？

3. 有人认为，孟子重义轻利的思想严重阻碍了中国经济的发展，否定了人们维护和追求正当物质利益的权利。你怎么看这个问题？

第三章 礼

一

子入太庙[①]，每事问。或曰："孰谓鄹人之子[②]知礼乎？入太庙，每事问。"子闻之，曰："是礼也。"（出自《论语·八佾》）

注 ① 太庙：鲁国太庙，即周公旦之庙。古代开国之君称太祖，太祖之庙即是太庙，周公旦为鲁国最初受封之君，这里的太庙即周公庙。

② 鄹（zōu）人之子：鄹，鲁国小邑，在今山东曲阜。"鄹人"指孔子的父亲叔梁纥，曾任鄹邑大夫。古人常以"某人"称某地大夫。

孔子进了周公庙，看到每件事都要问明道理。有人说："谁说叔梁纥的儿子知礼？他进了周公庙，每件事情都要请教别人。"孔子听说了这话，说："（不懂就问）这正是礼啊。"

赏读

很多人对这一章节有疑问，孔子是公认的对周礼十分熟悉，可以说是烂熟于心的人，为什么到了祭祀周公的太庙，却事事都要问？从"鄹人之子"这个称呼我们可以得知，孔子这次进入太庙时应当年纪不大，并且社会声望不高。因为用"某人之子"的称呼，一般来说，一则因其年少，二则是一种居高轻视。如此说来，"每事问"就讲得通了，尽管年少之时已经非常博学了，但孔子已经保持谦虚谨慎的态度，对周礼十分恭敬，虚心向人请教。诚敬恭谨，这本身就是礼的核心。

二

孔子谓季氏，"八佾[①]舞于庭，是[②]可忍也，孰[③]不可忍也？"（出自《论语·八佾》）

注

① 八佾（yì）：马融注："佾，列也。"佾，舞列，纵横人数相同。八佾纵横都是八人，共六十四人。朱熹注："佾，舞列也；天子八，诸侯六，大夫四，士二。"八列则八八六十四人，这是天子祭太庙所用的人数。

② 是：这个。

③ 孰：哪个。

孔子谈到季氏的时候说："他在自己的庭院中使用六十四人的乐舞行列，这样的事他都忍心去做，还有什么事情不能忍心做出来呢？"

赏读

在周礼中，"乐"与"礼"是紧密相连的，即便是娱乐活动，也有社会地位的区别。不同的地位，舞蹈等级和资格是不同的。根据周礼的规定，只有天子才能用八佾。到了春秋末期，礼崩乐坏，一些有权有势的卿大夫开始越礼，季氏就是其中之一。季氏的身份是鲁国的大夫，鲁国只是周天子所封的诸侯国。按礼，鲁国之君只配用六佾，季孙氏只能用到四佾，他却用八佾，这是一种严重僭越周礼的行为，孔子对此是极为不满的。

有人可能会认为孔子迂腐，事实上，这种"守礼"的思想我们今天仍在不自觉地践行。比如，现在的国际通例是，迎送国家元首或其他相应级别的人，鸣炮 21 响；迎送政府首脑或其他相应级别的人，鸣炮 19 响；迎送副总理级官员，鸣炮 17 响；依此类推，均取单数。我们在日常生活中接待客人的时候，不管对方多么尊贵，也不管你如何富有，能用这种规格接待对方吗？显然是不可以的。这就是"礼"。

林放[①]问礼之本。子曰："大哉问！礼，与其奢也，宁俭；丧，与其易也，宁戚[②]。"（出自《论语·八佾》）

① 林放：春秋时期鲁国著名学者。

② 戚：哀伤。

林放向孔子请教礼的本质。孔子说：“你的问题意义重大啊！礼仪，与其奢侈，不如质朴；丧礼，与其仪节周备，不如内心哀痛。”

赏读

礼的根本是什么，这是个大问题，也是个好问题。孔子是怎么回答的？他认为：如果礼仪仅停留在表面的奢华上，只知讲求规范，还不如“俭”更接近礼的本质。就像办丧事的时候，如果只是礼数周全，讲究排场，但是内心并不真的悲伤，这怎么能算礼的本质呢。

“礼”和“仪”，在古代是两个概念。“礼”的本义是祭神求福，“仪”的本义是容止仪表。但是两者又是互为表里，密不可分的。“礼”是内在的，是诚于中而形于外的尊重与敬意，而“仪”是外在的，是通过一定的形式、程序、动作表现出来的“礼”。只有把两者完美结合在一起，才是完整的礼仪。礼固然需要通过外在形式表现出来，但倘若过于在意仪式是否完备，而忽略了内心的敬诚，可能就会犯了舍本逐末的错误。

子曰：“礼云礼云，玉帛①云乎哉？乐云乐云，钟鼓②云乎哉？”（出自《论语·阳货》）

① 玉帛：行礼时所执的礼器。帛，用来进献玉器的丝织品。

② 钟鼓：演奏礼乐时所用的乐器。

孔子说："所谓的礼啊，就是玉器丝绸之类的礼器吗？所谓的乐啊，就是钟鼓之类的乐器吗？"

礼和乐都有外在的形式，可是假如礼缺乏"敬"，乐缺乏"和"，内容与形式不一致，那就是徒有虚表、舍本逐末。

《左传》中讲了一个故事。鲁昭公五年，鲁昭公去晋国朝拜晋平公。在晋国都城的郊外，东道主晋平公派大臣去行"郊劳"之礼，礼仪极为复杂。可是鲁昭公从郊劳到馈赠，所有的外交仪式都做得非常到位。

晋国君臣看了，不禁称赞鲁昭公真是个懂礼之人。大夫女叔齐却不以为然，说："是仪也，不可谓礼。"意思是说，鲁昭公懂得的，只是仪式，而不是真正的"礼"。

为什么呢？女叔齐说：礼是用来守住国家、执行政令、不失去百姓的东西。现在，鲁国国君的大权旁落到了士大夫的手中，鲁昭公不能取回来。鲁国公室被季孙氏、叔孙氏、孟孙氏三大政治家族分成了四份。由于大权旁落，老百姓现在都不怎么关注国君的处境了。身为国君，祸难就快降临到自己身上了，不赶紧想办法解决，却还在琐屑地学习礼仪。怎么能说他懂礼呢？

女叔齐的说法是很有道理的，我们提倡"礼"，核心目的绝对不是让人掌握各种"仪"的细节，而是要通过这些途径来协调人事关系、安定世道人心。礼之本在于"敬"，这种"敬"，也不仅仅只是内心的虔敬，还有对"礼"根本使命的崇敬。

五

子曰："人而不仁，如礼何？人而不仁，如乐何？"(出自《论语·八佾》)

孔子说："作为一个人却没有仁德，有礼仪又能如何？作为一个人却没有仁德，有音乐又能如何？"

赏读

在古代，乐也是礼的一部分，而礼与乐又都同为"仁"的外在表现。所以，不管是礼还是乐，都必须要有内心的仁德作为根基。没有仁德的人，根本够不上讨论礼、乐的问题。

很多人可能觉得"仁"这个至高无上的境界是普通人所难以企及的，但在《孟子·离娄上》中，孟子这样说："自暴者，不可与有言也；自弃者，不可与有为也。言非礼义，谓之自暴也；吾身不能居仁由义，谓之自弃也。仁，人之安宅也；义，人之正路也。旷安宅而弗居，舍正路而不由，哀哉！"意思是，自己残害自己的人，不能和他有所言谈；自己抛弃自己的人，不能和他有所作为。言谈破坏礼义，叫作自己残害自己；自以为不能依据仁、遵循义来行事，叫作自己抛弃自己。仁是人们安适的精神住宅，义是人们行为最正确的道路。空着安适的住宅不去居住，舍弃正确的道路不去行走，可悲啊！仁义并不高深遥远，它就是我们心灵所安之处。

六

司马牛①忧曰："人皆有兄弟，我独亡②。"子夏曰："商③闻之矣：死生有命，富贵在天。君子敬而无失，与人恭而有礼。四海之内，皆兄弟也——君子何患乎无兄弟也？"（出自《论语·颜渊》）

① 司马牛：孔子的弟子。复姓司马，名耕，一名犁，字子牛。

② 亡（wú）：无，没有。

③ 商：卜商，字子夏，尊称"卜子"或"卜子夏"。"孔门十哲"之一，"七十二贤"之一。

司马牛忧虑地说："别人都有兄弟，唯独我没有。"子夏说："我听说过：死和生听凭命运的安排，富与贵在于上天的决定。君子只要尽心尽力而没有过失，对人恭敬而合乎礼法，那么四海之内的人都如兄弟一般了。君子怎么会担心没有兄弟呢？"

相传司马牛是宋国大夫桓魋的弟弟。桓魋参与宋国叛乱，失败后逃跑，司马牛也被迫离宋逃亡到鲁。司马牛之所以说自己没有兄弟是因为担忧他哥哥因作乱即将死去。

而对于子夏的回答，朱熹《四书集注》中认为，他应该是从孔子那里听到的这句话。人的生死在"有生之初"已经先天地决定了，人只能听天由命。天意不是人的意愿所能决定的，我们"但当顺受而已"。已经安于天命了，接下来就应该"修身在己"。假如能够始终如一地"持己以敬"，待人接物谦恭而有礼节，那么天下人都会敬你爱你，如同你的兄弟一样。

朱熹认为，子夏这么说，只是为了宽慰司马牛，所以不得已才说了这些话，读者不要以辞害意。

大上①贵德，其次务②施报。礼尚③往来，往而不来，非礼也；来而不往，亦非礼也。人有礼则安，无礼则危。故曰，礼者不可不学也。（出自《礼记·曲礼上》）

① 大上：太古、上古。
② 务：从事、致力。
③ 尚：尊崇、重视。

上古时，人们崇尚“德”，后来却讲求施报。礼崇尚往来，施人恩惠却收不到回报，是不合礼的；别人施恩惠于己，却没有报答，也不合礼。人们有了礼的规范，社会便得以安定；少了礼，社会便会倾危。所以说：“礼，不能不学啊！”

赏读

“礼尚往来”以及“来而不往，非礼也”我们都非常熟悉。在人际交往中，为了让交往形成一种良性循环，我们崇尚有施有报，你来我往。但从它的出处，我们可以看到，其实最高境界应该是“贵德”，“施报”是次一等的。然而既然不可能实现天下大同的理想境界，遵循礼

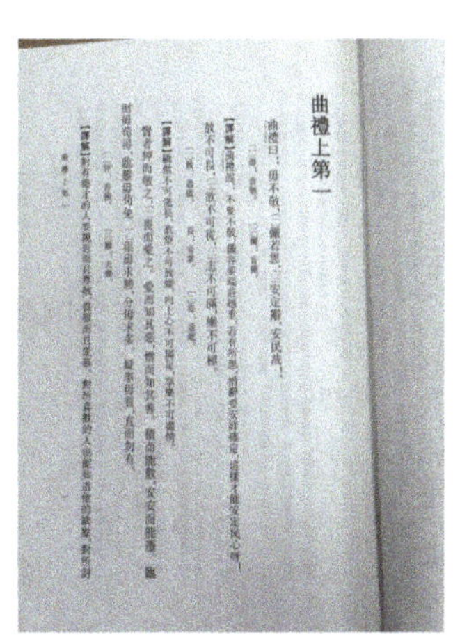
曲禮上第一

就已经是最好的办法了，它能让社会安宁。

什么是“礼”呢？礼的实质在于对自己卑谦，对别人尊重，即使是挑着担子做买卖的小贩，也一定有令人尊敬的地方，更何况富贵的人呢？身处富贵而懂得爱好礼，就不会过分骄横，身处贫贱而知道爱好礼，那么志向就不会被屈服。可见，这里的“礼”依然是强调内心的谦敬。

国有四维[①]。一维绝则倾，二维绝则危，三维绝则覆，四维绝则灭。……何谓四维？一曰礼，二曰义，三曰廉，四曰耻。礼不逾节，义不自进，廉不蔽恶，耻不从枉。故不逾[②]节则上位安，不自进则民无巧诈，不蔽恶则行自全，不从枉则邪事不生。（出自《管子·牧民》）

① 维：纲纪、法度。

② 逾：超出、越过。

治理国家有四维。缺了一维，国家就会不稳；缺了两维，国家就会危险；缺了三维，国家就会倾覆；缺了四维，国家就会灭亡。……什么是四维呢？一是礼，二是义，三是廉，四是耻。有礼，行为就不会超出道德的规范；有义，就不会自谋仕进；有廉，就不会掩饰自己的过错和不端行为；有耻，就不会趋从道德低下的人。所以，行为不超出应有的节度，为君者的地位就安定；不妄自求进，人们就不会巧谋欺诈；不掩饰过错，行为自然就端正；不趋从坏人，邪乱的事情也就不会发生了。

赏读

管仲的这段话，被欧阳修总结为：“礼义廉耻，国之四维。四维不张，国乃灭亡。”毛泽东在建国之后也引用过这段话：“治国就是治吏，礼义廉耻，国之四维；四维不张，国将不国。如果臣下一个个都寡廉鲜耻，贪污无度，胡作非为，而国家还没有办法治理他们，那么天下一定大乱，老百姓一定要当李自成。国民党是这样，共产党也会是这样。”这些话，对于今天的我们，依然具有重要的警示意义。

九

子曰：“恭而无礼则劳[1]，慎而无礼则葸[2]，勇而无礼则乱，直而无礼则绞[3]。”（出自《论语·泰伯》）

注

① 劳：辛劳、劳苦。

② 葸（xǐ）：拘谨、畏惧的样子。

③ 绞：说话尖刻，出口伤人。

孔子说：“恭敬却不符合礼的规定，就会烦扰不安；谨慎却不符合礼的规定，就会畏缩拘谨；勇猛却不符合礼的规定，就会鲁莽惹祸；直率却不符合礼的规定，就会尖刻伤人。”

赏读

孔子说“不学礼无以立”（《论语·尧曰》）。在孔子看来，“恭”“慎”“勇”“直”，所有这些德行并不是孤立存在的，必须以“礼”为指导，只有在“礼”的指导下，这些德行的实施才能达到恰如其分的程度，否则就会出现“劳”“葸”“乱”“绞”等后果，也就算不上德行了。

有子[①]曰：“礼之用，和[②]为贵。先王之道[③]，斯[④]为美；小大由之。有所不行，知和而和，不以礼节[⑤]之，亦不可行也。”（出自《论语·学而》）

注

① 有子：即有若，孔子重要弟子。其姓为有，名若，字子有。
② 和：调和、和谐、协调。
③ 先王之道：指尧、舜、禹、汤、文、武等古代帝王的治世之道。
④ 斯：这、此。这里指礼，也指和。
⑤ 节：节制。

今译

有子说：“礼的作用，以遇事都做得恰当为可贵。过去圣明君王治理国家，宝贵的地方就在这里；他们小事大事都做得恰当。但是，如有行不通的地方，便为恰当而求恰当，不用一定的规矩制度来加以节制，也是不可行的。

赏读

“和”是儒家倡导的一种伦理、政治和社会原则。《礼记·中庸》中对其有描述：“喜怒哀乐之未发谓之中，发而皆中节谓之和。”杨树达《论语疏证》中则说：“事之中节者皆谓之和，不独喜怒哀乐之发一事也。……和今言适合，言恰当，言恰到好处。”

我们今天“和为贵”的含义与孔子当时已略有不同。周朝各个社会等级之间的区分非常严格，所以不容许有“八佾舞于庭”这种僭越的事情出现。然而到了春秋末期，“礼崩乐坏”，各种社会关系遭到破坏，所以孔子才提出“礼之用，和为贵”的观念，以缓和不同社会等级的矛盾，让社会秩序更加安定。

思考题

1. 儒家的“仁”与“礼”是什么关系？试着谈谈自己的理解。

2. 你认为礼是一些“繁文缛节”吗？如果不是，它的本质是什么？

3. 在今天的人际交往中，关于送礼问题，你怎么看待“来而不往非礼也”？

一

子曰："知[1]者乐[2]水，仁者乐山。知者动，仁者静。知者乐[3]，仁者寿。"（出自《论语·雍也》）

注

① 知：通"智"。聪明、智慧。
② 乐（yào）：喜好、喜爱。
③ 乐（lè）：安乐、快乐。

智者喜欢水，仁者喜欢山。智者常动，仁者常静。智者快乐，仁者长寿。

关于这段文字的断句，有两种不同观点：一种认为是"知者乐水，仁者乐山"，智者喜欢水，也能像水一样流动变通，所以安乐；仁者喜欢山，也像山一样心境平和，所以长寿。另一种观点以南怀瑾为代表，认为断句是"知者乐，水；仁者乐，山"，他在《论语别裁》中说："知者的乐是动性的，像水一样。仁者的乐是静性的，像山一样。这不是很明白吗？硬是断章取义，说'知者乐水'是喜欢水，'仁者乐山'是喜欢山，这是不对的。有些人的学问修养，活泼泼的，聪明人多半都活泼……仁慈的人，多半是深厚的，宁静得和山一样。所以下面的结论：'知者乐'，知者是乐的，人生观、兴趣是多方面的；'仁者寿'，宁静有涵养的人，比较不大容易发脾气，也不容易冲动，看事情冷静，先难而后获，这种人寿命也长一点……"

二

虽有嘉肴[①]，弗食，不知其旨[②]也；虽有至道[③]，弗学，不知其善[④]也。是故学然后知不足，教然后知困[⑤]。知不足，然后能自反也；知困，然后能自强[⑥]也。故曰，教学相长[⑦]也。兑命[⑧]曰"学学半[⑨]"，其此之谓乎！（出自《礼记·学记》）

① 嘉肴：美味的鱼肉。嘉意为美好，肴指做熟的鱼肉等。

② 旨：味美。

③ 至道：最好的道理。至，达到极点的。

④ 善：良好。

⑤ 困：不通，理解不清。

⑥ 自强：自我勉励。

⑦ 教学相长（zhǎng）：教和学互相促进。

⑧ 兑（yuè）命：《尚书》中的篇名，也作《说命》。兑通“说”，指殷商时期的贤相傅说。

⑨ 学（xiào）学（xué）半：前一个“学”，本字读作“斅”，意思是教育别人，后一个“学”，意思是向别人学习。

即使有味美可口的肉食，不吃就不会知道它（味道）甘美；即使有最好的道理，不学习也不会了解它的好处。所以，通过学习才能知道自己的不足，通过教导别人才能知道自己理解不了的地方。知道自己学业的不足，这样以后才能自我反省；感到困惑，这样以后才能自我勉励。所以说，教与学是互相促进的。《兑命》说：“教人是学习的一半。”说的大概就是这个道理吧！

正因为“学然后知不足”，所以孔子说：“不愤不启，不悱不发。”（《论语·述而》）不到学生努力想弄明白，但仍然想不透的程度时，先不要去开导他，不到学生心里明白，却又不能完善表达出来的程度时，也不要去启发他。同样，“教然后知困”，在与别人分享知识的同时，我们也会收获更多。

三

孔子曰：“生而知之者上也，学而知之者次也；困而学之，又其次也；困而不学，民斯为下矣。”（出自《论语·季氏》）

今译

孔子说：“天生就懂得的人最聪明，通过学习而懂得的人次一等；遇到困难才去学习的人又次一等；遇到困难还不学习，就是最下等的了。”

赏读

孔子承认有“生而知之”这种人，但是他说自己：“我非生而知之者，好古，敏以求之者也。”在他的观念当中，“上智”就是“生而知之者”，他否认自己是生而知之者。之所以能成为学识渊博的人，在于他爱好古代的典章制度和文献图书，而且勤奋刻苦，思维敏捷。这是他总结的自己学习与修养的主要特点。何晏《论语集解》引郑玄注曰：“言此者，劝人学。”意思是说，孔子之所以这么说并非纯然因为谦虚，还是为了鼓励他的学生发愤努力，不废读书。

子曰：“君子道①者三，我无能焉：仁者不忧，知者不惑，勇者不惧。”子贡曰：“夫子自道②也。”（出自《论语·宪问》）

① 道：道德、道义。

② 道：说、讲述。

孔子说：“君子之道有三个方面，我都未能做到：仁德的人不忧愁，聪明的人不迷惑，勇敢的人不畏惧。”子贡说：“这正是老师的自我表述啊！”

在儒家传统道德中，智、仁、勇是三个重要德目。《中庸》说："知、仁、勇，三者天下之达德也。"孔子希望自己的学生能具备这三德，成为真正的君子。所以，在司马牛问怎样做才能称得上君子时，孔子说："君子不忧不惧。"司马牛说："一个人没有忧愁，没有恐惧，就可以说是他已经达到'君子'的境界了？"孔子说："自我反省，对自己的所作所为问心无愧，有什么忧愁，又有什么恐惧？"

至于智者，他的最高修为是"不惑"。孔子虽然说自己"我无能焉"，但他还说过："吾十有五而志于学，三十而立，四十而不惑，五十而知天命，六十而耳顺，七十而从心所欲，不逾矩。"所以，子贡说他是"夫子自道"。

我们常说"君子坦荡荡"，之所以如此，不仅仅是因为品行端正，更是因为内在的德行。一个人如果有博爱之心，有高远的人生智慧，有勇敢坚强的意志，就一定会拥有良好的心理和精神状态，从而成为不忧不惧不惑的君子。

古之欲明明德于天下者先治其国，欲治其国者先齐其家，欲齐其家者先修其身，欲修其身者先正其心，欲正其心者先诚其意，欲诚其意者先致其知，致知在格物。物格而后知至，知至而后意诚，意诚而后心正，心正而后身修，身修而后家齐，家齐而后国治，国治而后天下平。自天子以至于庶人，壹是[①]皆以修身为本。（出自《大学》）

① 壹是：一切、一律、一概。

古代那些要使美德彰明于天下的人，要先治理好他的国家；要治理好国家，就要先整顿好自己的家；要整顿好家，就要先进行自我修养；要进行自我修养，就要先端正自己的思想；要端正自己的思想，就要先使自己心意诚实；要使自己心意诚实，就要先充实知识；要充实知识，又取决于对天下事理的推究。对天下事理推究之后，才能充实知识，获得知识后心意才能真诚，使自己心意诚实之后，才能端正自己的思想，端正自己的思想之后，才能进行自我修养，进行自我修养之后，才能整顿好家，整顿好家之后，才能治理好国家，治理好国家之后，才能使美德彰明于天下。从高高在上的天子一直到平民百姓，无一例外都要以修身养性作为人生的根本。

赏读

“修齐治平”的理想，早已成为传统知识分子深入骨髓的共同目标。这段话并不难理解，但“格物致知”的真正内涵，却是儒学思想史上一个争论千年仍无定论的命题。明末刘宗周就说：“格物之说，古今聚讼有七十二家！”到了今天，更是增加了许多不同见解。

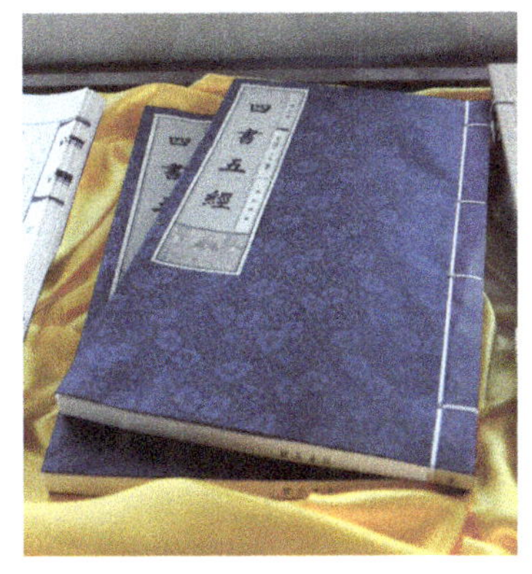

六

子曰：“舜①其大知也与②！舜好问而好察迩言③，隐恶而扬善，执其两端，用其中于民，其斯以为舜乎！”（出自《中庸》）

注

① 舜：指有道圣王虞舜。

② 与（yú）：同“欤”，语气词。

③ 迩言：浅近之言，常人之语。

孔子说：“难道是舜智慧过人吗？舜只是喜欢不断询问众人意见而且能够倾听浅近之言中的道理，他对邪恶的言行不再去宣传，对善良的言行大力倡导。他能把握事物好坏的两个极端，把所有过与不及之处都加以折中，取其中道，施行于人民。大概因为这样他才得以成为舜吧！”

舜能够成为一代有道圣王，不是在于他比别人更聪明，而是能够按照本心本性而不偏不倚地做人做事，舜能如此，我们又何尝不能如此呢？所以孟子说人人可以成为尧舜。关键在于，要坚持把握中庸之道。子曰：“人皆曰‘予知’，驱而纳诸罟擭陷阱之中，而莫之知辟也。人皆曰‘予知’，择乎中庸，而不能期月守也。”人人都说自己聪明，可是被驱赶到罗网陷阱中去却不知躲避。人人都说自己聪明，可是选择了中庸之道却连一个月时间也不能坚持。所以孔子才那样欣赏颜回，因为：“颜回就是这样一个人，他选择了中庸之道，得到了它的好处，就牢牢地把它放在心上，再也不让它失去。”

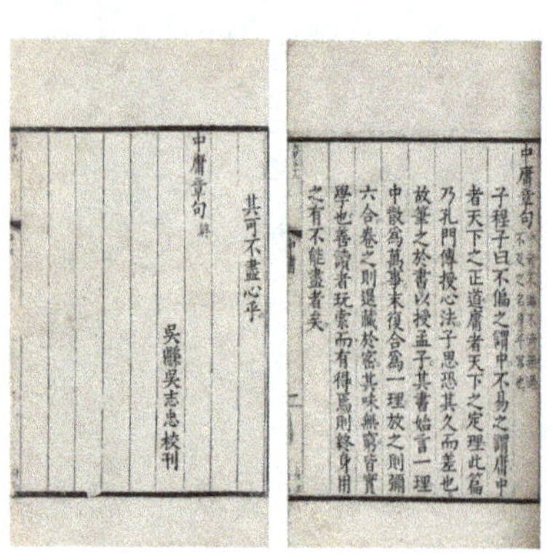

其可不盡心乎

中庸章句跋

吴縣吴志忠校刊

中庸章句

子程子曰不偏之謂中不易之謂庸中者天下之正道庸者天下之定理此篇乃孔門傳授心法子思恐其久而差也故筆之於書以授孟子其書始言一理中散爲萬事末復合爲一理放之則彌六合卷之則退藏於密其味無窮皆實學也善讀者玩索而有得焉則終身用之有不能盡者矣

七

子曰："道之不行也，我知之矣：知者过之，愚者不及也。道之不明也，我知之矣：贤者过之，不肖者不及也。人莫不饮食也，鲜能知味也。"（出自《中庸》）

孔子说："道德不能推行的原因，我知道了：聪明的人走向了极端，愚蠢的人压根不去遵守。道德不能弘扬的原因，我知道了：贤能的人做得太极端，不贤的人根本做不到。就像人们每天都要吃喝，但却很少有人能够真正品尝过味道。"

赏读

虽然这段话出自《中庸》，但这里的"道"未必是"中庸之道"，只是在强调"过犹不及"。对于仁道，一些贤明之人、一些智者做得过于极端，比如，他们过于追求操守，选择了避世隐居，这与那些愚者一样，都不能让道得以显明、推行。归根到底，无论是过还是不及，无论是智还是愚，或者说，无论是贤还是不肖，都缺乏对"道"的自觉性与主观能动性。就像我们每天都免不了要吃喝，但却很少有人真正品味过食物的滋味一样，我们每天都在按照某种道德规范行事，却未能有意识地始终用这些原则来规范自己。而想要把事情做得恰到好处，是需要这种自觉性的。

博学之，审[1]问之，慎思之，明辨之，笃[2]行之。有弗学，学之弗能弗措[3]也；有弗问，问之弗知弗措也；有弗思，思之弗得弗措也；有弗辨，辨之弗明弗措也；有弗行，行之弗笃弗措也。人一能之，己百之；人十能之，己千之。果能此道矣，虽愚必明，虽柔必强。（出自《中庸》）

注

① 审：仔细。

② 笃：切实地、坚定。

③ 措：搁置、终止。

要广博地学习，要对学问详细地询问，要慎重地思考，要明白地辨别，要切实地力行。不学则已，既然要学，不学到通达晓畅绝不能终止；不去求教则已，既然求教，不到彻底明白绝不能终止；不去思考则已，既然思考了，不想出一番道理绝不能终止；不去辨别则已，既然辨别了，不到分辨明白绝不能终止；不去做则已，既然做了，不做到圆满绝不能终止。别人学一次就会，我要学一百次；别人学十次就会，我要学一千次。果真能够实行这种方法，即使是愚笨的人也一定会聪明起来，即使是脆弱的人也一定会坚强起来。

“博学之，审问之，慎思之，明辨之，笃行之”说的是为学的几个层次，它们是递进关系。首先我们要有旺盛的好奇心，广泛摄取各种知识；然后，对所学到的知识中那些不明

白的地方追问到底，也要对所学知识加以怀疑；接下来，还要慎重思考，让所学真正变成自己的东西；在整个过程中，还要分析辨别，以免所学到的知识鱼龙混杂，真伪难辨。“为学”的最后阶段是“笃行”。学有所感、学有所得，最终要落到实处，做到“知行合一”。

九

齐宣王问曰：“交邻国有道乎？”孟子对曰：“有。惟仁者为能以大事小，是故汤事葛①，文王事昆夷②。惟智者为能以小事大，故太王事獯鬻③，勾践事吴④。”（出自《孟子·梁惠王下》）

注

① 汤事葛：汤，商汤，商朝的创建人。葛，葛伯，葛国的国君。

② 文王事昆夷：文王，周文王。昆夷，也写作“混夷”，周朝初年的西戎国名。

③ 太王事獯（xūn）鬻（yù）：太王，周文王的祖父，即古公亶父。獯鬻又称猃狁，当时北方的少数民族。

④ 勾践事吴：勾践，春秋时越国国君。吴，指春秋时吴国国君夫差。

今译

齐宣王问道：“和邻国交往有什么讲究吗？”孟子回答说：“有。只有有仁德的人才能够以大国的身份侍奉小国，所以商汤侍奉葛国，周文王侍奉昆夷。只有有智慧的人才能够以小国的身份侍奉大国，所以周太王侍奉獯鬻，越王勾践侍奉吴王夫差。”

孟子认为，“智者为能以小事大”，他们能够做到与比他大的国家交好，譬如古公亶父与古匈奴的关系，越王勾践与吴国的关系。能够以大国之姿与小国交往的，是乐于听从天命的人；能以小国之姿与大国交好的，是畏惧天命的人。所以，智者会以敬畏的心态处之，从而保住自己的国家，得到安定。

子曰：“君子食无求饱，居无求安，敏于事而慎于言，就[①]有道[②]而正[③]焉，可谓好学也已。”（出自《论语·学而》）

① 就：靠近、看齐。

② 有道：指有道之人。

③ 正：匡正、端正。

孔子说：“君子对饮食不求饱足，对居所不求安适，行事勤敏，言语谨慎，向修养高的人请教以求匡正自己的品行。做到这样，就称得上好学了。”

赏读

“好学”的标准，不仅仅是爱好学习，“就有道而正焉”，还包括对生活、工作两方面的要求。生活上要“食无求饱，居无求安”，工作上要“敏于事而慎于言”。

关于这一标准，后人对于“食无求饱，居无求安”这一点颇有疑虑，很多人会解释为“过分追求食物的精美和住所的奢华”，实际上“饱”和“安”本身也并无过分之意，况且孔子也曾说过“食不厌精，脍不厌细”。

这里之所以说"食无求饱，居无求安"，并非是让人们"安贫"，而是为了"乐道"。即便是在生活十分拮据的情况下，依然不会为了生活而放弃对"道"的追求，这样才能称得上是好学。

思考题

1. 请结合本章内容，谈谈儒家认为怎样才算是真正的智者。

2. 你认为儒家"好学"的标准是什么？你怎样理解这些标准？

3. 在这个海量信息时代，你认为我们应该怎样才能不被冗余信息淹没，获取真正的知识？

第五章 信

一

曾子[1]曰："吾日三省[2]吾身——为人谋[3]而不忠乎？与朋友交而不信乎？传[4]不习[5]乎？"（出自《论语·学而》）

注　① 曾子：孔子弟子，名参，字子舆。后世尊奉为"宗圣"，是配享孔庙的四配之一。

② 省（xǐng）：检查、察看、反省。"三省"有几种解释：一是三次检查；二是从三个方面检查；三是多次检查。这里应指从三个方面反省自己。

③ 谋：谋虑、谋划。
④ 传：传授，这里指老师传授给学生的知识等。
⑤ 习：复习。

曾子说："我每天从三个方面反省自己——替人家谋虑是否不够尽心？和朋友交往是否不够诚信？传授的学业是否不曾复习？"

赏读

北宋时期的"程门四先生"之一谢良佐曾经说："诸子之学，皆出于圣人，其后愈远而愈失其真。独曾子之学，专用心于内，故传之无弊，观于子思孟子可见矣。惜乎！其嘉言善行，不尽传于世也。其幸存而未泯者，学者其可不尽心乎！"

曾子是一个非常注重诚信的人，传说，有一次曾子的妻子要去集市上买菜，可是曾子的儿子非要跟着去。为了让儿子听话留在家里，曾子的妻子许诺说，回来杀猪给孩子吃猪肉。等曾子的妻子从集市上回来，看到曾子已经把猪捆起来，正在磨刀准备杀猪，妻子赶紧跑上前去阻止曾子，说自己只是跟孩子开个玩笑。但曾子非常严肃地说："我们做父母的怎么能对孩子撒谎呢？做人要守信用，做父母的更应该做好榜样，今天我们欺骗他，明天他就会去欺骗别人。我们还是说到做到，给孩子做个好榜样吧。"曾子就是这样一个以身作则，教育孩子做人要讲信用的人。

子曰："人而无信，不知其可也。大车无輗[①]，小车无軏[②]，其何以行之哉？"（出自《论语·为政》）

① 輗（ní）：牛车车辕与轭相连接的木销子。
② 軏（yuè）：马车车辕与轭相连接的木销子。

孔子说："人要是失去了信用或不讲信用，不知道他还可以做什么。（就像）牛车没有车辕与轭相连接的木销子，马车没有车辕与轭相连接的木销子，它靠什么行走呢？"

赏读

孔子的这一比喻非常形象，把一个不讲信用的人比作没有輗的大车和没有軏的小车，告诉我们一个人如果不讲信用，在世上就会寸步难行。这是因为在孔子看来，讲究诚信是放之四海而皆准的做人道理。所以通观《论语》，"信"贯穿全篇，是孔子及其弟子非常珍视的重要道德品质。而"诚"在孟子那里有很高的地位。比如，《孟子·离娄上》有"诚者，天之道也；思诚者，人之道也"的说法。"诚信"这一思想也对整个中华民族的传统品德塑造起着非常重要的作用，"一言九鼎""一诺千金""人无信不立，业无信不兴"等大家耳熟能详的成语、俗语都在向我们昭示着诚信的重要性。

子贡问政[1]。子曰："足[2]食，足兵，民信之矣。"子贡曰："必不得已而去，于斯三者何先？"曰："去兵。"子贡曰："必不得已而去，于斯二者何先？"曰："去食。自古皆有死，民无信不立。"（出自《论语·颜渊》）

① 政：治理国家的方法。

② 足：使……充足。

子贡问怎样治理国家。孔子说："粮食充足，军备充足，老百姓信任统治者。"子贡说："如果不得不去掉一项，那么在三项中先去掉哪一项呢？"孔子说："去掉军备。"子贡说："如果不得不再去掉一项，那么这两项中去掉哪一项呢？"孔子说："去掉粮食。自古以来人总是要死的，如果老百姓对统治者不信任，那么国家就不能存在了。"

赏读

在孔子看来，治理国家，既要发展经济，"足食"；也要讲究国防战备，"足兵"；还要注重精神文明建设，"民信之矣"。这三者都是一个国家赖以生存、发展的基石，然而一定要排一个先后顺序的话，"民信之矣"是最重要的。假如只是丰衣足食、兵力强大，但是百姓不肯与国家同心同德，那么遇到危难就会选择离叛。这一观点与孔子"杀身以成仁"、孟子"舍生而取义"的思想是一致的。并非生命不重要，而是在"必不得已而去"的情况下，我们心中要有一个价值取向。

四

子张问行[①]。子曰："言忠信，行笃敬，虽蛮貊[②]之邦，行矣。言不忠信，行不笃敬，虽州里[③]，行乎哉？立则见其参[④]于前也，在舆则见其倚于衡[⑤]也，夫然后行。"子张书诸绅[⑥]。（出自《论语·卫灵公》）

① 行：行得通、通达。

② 蛮貊（mò）：蛮，古称南蛮。貊，古称北狄。蛮貊是古代对边远地区民族的称呼。

③ 州里：与蛮貊相对，指本乡本土。古代二千五百家为州，二十五家为里。本为行政建制，后泛指乡里或本土。

④ 参：相参、显现。

⑤ 衡：车辕前用于套牛马的横木。

⑥ 绅：古代官员、贵族束在腰间的大带子。

今译

子张问怎样才能让自己更通达。孔子说："说话忠诚守信，行为笃实严谨，即使到了野蛮落后之域也会畅通无阻。如果说话不忠实诚信，行为不笃实严谨，即使在本乡本土，又怎能行得通？站立时，仿佛看见'忠信笃实'这几个字显现在前面，坐在车中仿佛看见这几个字在辕前横木上，能够做到这样，便能够处处通达了。"子张把这些话写在自己腰间的大带上。

能够让我们通达于世，待人接物游刃有余的，是"言忠信，行笃敬"，这是一个放之四海而皆准的原则。把它们牢记

于心，念兹在兹，一言一行都表现出忠信、笃敬，忠信、笃敬于天地之正道，言行符合最高境界的道德标准，自然能够顺应天理，于是做什么事情都能比较顺利、成功。

所谓诚其意者，毋[①]自欺也，如恶恶臭[②]，如好好色[③]。此之谓自谦[④]。故君子必慎其独也。（出自《大学》）

① 毋：不要。
② 恶恶臭（wù è xiù）：讨厌难闻的气味。臭，气味。
③ 好（hào）好（hǎo）色：喜爱美丽的容颜。
④ 谦：通“慊”，满足。

所谓使自己的意念诚实，就是说不要自己欺骗自己。就如同厌恶污秽的气味那样（不要欺骗自己），就如同喜爱美丽的容颜那样（不要欺骗自己），这就叫作让自己对自己满意。所以君子（为了让自己对自己满意）就一定会独自面对自己的内心。

文中的“如恶恶臭，如好好色”是解释前一句“毋自欺也”。想要欺骗别人并不难，但我们骗不了自己。

有一次，元代学者许衡跟人一起赶路，天很热，他们特别口渴，所以看到一棵梨树的时候，大家纷纷去偷果子吃，只有许衡不去。别人劝他一起来吃：“世道这么乱，梨树没有主人，所以人人都可以吃。”许衡回答：“梨子无主，难道我们的心也无主吗？”

所有能够“出淤泥而不染”的人，都是因为他们有一颗高洁的心，一颗“有主”的心，一颗“慎独”的心。在隐秘与幽微的地方依然严于律己，在没有任何人可能发现、没有人监督的时候依然恪守道德，这样的人，才是君子。

六

小人闲居[①]为不善，无所不至，见君子而后厌然[②]掩其不善而著其善，人之视己如见其肺肝然，则何益矣。此谓诚于中，形于外，故君子必慎其独也。（出自《大学》）

① 闲居：避人独居。

② 厌然：闭藏貌。

那些没有道德修养的人，在闲居独处的时候，无论什么坏事都做得出来。当他们见到那些有道德修养的人，却又躲躲藏藏企图掩盖他们所做的坏事，而装出一副似乎做过好事的模样，设法显示自己的美德。每个人看自己的时候，都像能看到肝肺一样（直视内心），（自欺的结果只能是底气不足），那么（自欺）还有什么用吗？这就叫作内心的真诚会直达外表，所以君子一定会真诚面对自己。

有一次，东汉名臣杨震路过昌邑，当地一位名叫王密的官员拿了十斤金子前来感谢他。因为王密能做官，全靠当初杨震举荐帮忙。看到杨震拒绝接受，王密劝他说：“暮夜无知也。”可是杨震说了一句非常有名的话：“天知，神知，我知，子知，何谓无知！”王密听了之后，非常惭愧地离开了。

后来，清代的思想家吕坤读了这则故事之后评价说：“‘暮夜无知’，此四字百恶之总根也。”很多人正是因为觉得不可能被人知道，所以才敢做出大奸大恶之事。我们大部分人虽然不会作奸犯科，但也很难做到人前人后一个样。

之所以会这样，是因为我们不够“诚其意”，内在的道德观念还不够强烈，所以不能在一个人独处的时候也能遵守，所以达不到俯仰无愧的境界。尤其是当身边的人对我们产生不好的影响时，就更容易动摇了，所以不同流合污，就显得尤为珍贵。

曾子曰：“十目所视，十手所指，其严[1]乎！”富润屋，德润身，心广体胖[2]，故君子必诚其意。（出自《大学》）

① 严：厉害。

② 胖（pán）：安泰舒适。

曾子说：“十只眼睛看着，十根手指指着，这难道不令人畏惧吗？”财富可以装饰房屋，品德却可以修养身心，使心胸宽广而身体舒泰安康。所以，品德高尚的人一定要使自己的意念真诚。

宋代欧阳修有两句话，“书有未曾经我读，事无不可对人言”。品德高尚的人，哪怕是在一个人独处的时候，也一定会

谨慎，这才是对自己真诚。

《左传·宣公二年》中讲了这样一个故事：晋国的国君灵公非常暴虐，而且不像个国君的样子。有一位名叫赵盾的臣子三番五次劝谏，这让晋灵公烦透了。于是，灵公派一个名叫钼麑的著名大力士去暗杀赵盾。钼麑接受了任务，一大清早就来到了赵盾家，看到他的卧室门竟然开着。原来，赵盾本来已经穿戴好朝服准备上朝，看天色还早，就端坐着闭目养神。钼麑看到这个情形，就离开了赵家，感叹道："不忘恭敬，民之主也。贼民之主，不忠；弃君之命，不信。有一于此，不如死也！"于是一头撞在槐树上自杀了。

为什么钼麑宁愿自杀也不肯暗杀赵盾呢？因为钼麑是个"勇而知礼"的人，看到赵盾一个人独处的时候也能保持如此恭敬的姿态，对他的品格肃然起敬。杀了这样的国家栋梁是不忠，可是不杀他失信于君王是不信，左右为难之下，他选择了自杀。

赵盾并不知道自己无意中逃过了一劫，他只是习惯了在独处无人的时候也谨慎不苟罢了。而这正是道德品行与个人操守的最高境界，也就是儒家所说的"慎独"。"君子必慎其独也"，一个"诚于中，形于外"的君子，能够做到"衾影无愧，屋漏不惭"，"表里俱澄澈，肝胆皆冰雪"。千百年来，知礼守礼的士人都在以这样的标准要求自己。

曾子曰："戒[①]之戒之！出乎尔[②]者，反乎尔者也。"（出自《孟子·梁惠王下》）

① 戒：防备、鉴戒。
② 尔：此、这个。

曾子说："小心啊小心啊！自己的作为，无论善恶，结果必定会回报到自己的身上。"

"出尔反尔"这个成语大家都很熟悉了，它表示自己说了或做了之后又反悔，说话不算数。但它的原意却是：你怎样对待人家，人家就会怎样对待你。

它在《孟子·梁惠王》中出现时，是一个这样的典故：

有一次，邹国与鲁国发生了战争。邹国吃败仗，死伤了不少将士。邹穆公很不高兴，问孟子道："在这次战争中，我手下的官吏被杀死了三十三个，然而老百姓却没有一个为他们去拼命，他们眼看长官被杀，而不去营救，可恨得很。要是杀了这些人吧，他们人太多，杀也杀不完；要是不杀吧，却又十分可恨。您说该怎么办才好呢？"

孟子回答说："记得有一年闹灾荒，年老体弱的百姓饿死在山沟荒野之中，壮年人外出逃荒的有千人之多，而大王的粮仓还是满满的，国库也很充足，管钱粮的官员并不把这严重的灾情报告给您。他们高高在上，不关心百姓的疾苦，而且残害百姓。"

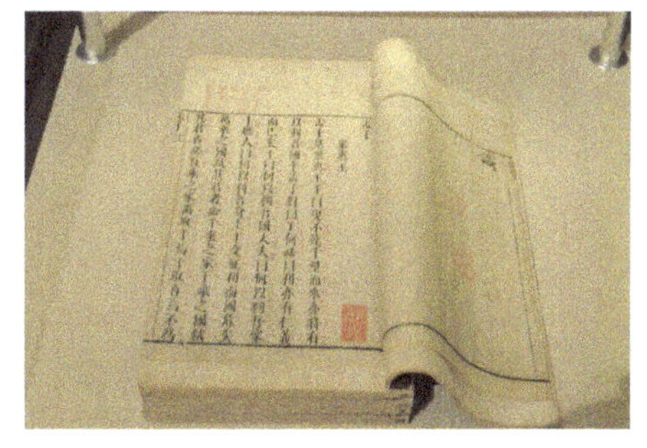

孟子在回顾了这辛酸的往事后，接着又说："您记得孔子的弟子曾子说过的话吗？他说：'要警惕呀！你怎样对待别人，别人也如何对待你。'如今百姓有了一个报复的机会，就要用同样的手段来对待那些长官了。”孟子最后告诉邹穆公说：“所以，大王不要去责怪他们、惩罚他们。如果实行仁政，您的百姓就会爱护他们的长官，并且愿意为他们献出生命。”

孟子在这里主要讲的是君与民、官与民的关系，但后来早已推而广之，与“一报还一报”“以其人之道治其人之身”，以及《易经》中的“积善之家，必有余庆；积不善之家，必有余殃”，都表达了类似的意思。

九

君子之言，信[①]而有征[②]，故怨远于其身。小人之言，僭[③]而无征，故怨咎[④]及之。（出自《左传·昭公八年》）

注

① 信：确实、可靠。
② 征：验证。
③ 僭：过分。
④ 怨咎：埋怨、责备。

君子说出的话，诚信确凿而有证据，因此怨恨不满都会远离他的身边。小人说出的话，过分而没有依据，所以很快就会招致埋怨、责备。

赏读

一个人诚信与否，终究是能够得到验证的。所以，君子不得不慎言谨行。

西周初年，周武王姬发驾崩后，太子姬诵年幼，在周公姬旦的扶助下做了国君，史称周成王。

有一天，姬诵和弟弟叔虞一起在宫中玩耍。姬诵随手捡起了一片落在地上的桐叶，把它剪成玉圭形，送给了叔虞，并且对他说："这个玉圭是我送给你的，我要封你到唐国去做诸侯。"史官们听后，把这件事告诉了周公。周公见到姬诵，问道："你要分封叔虞吗？"姬诵说："怎么会呢？那是我跟弟弟说着玩的。"周公却认真地说："天子无戏言。只要说了，史官就应如实记载下来，按礼节完成它，并奏乐章歌咏它。"于是周成王把唐封给叔虞。这也就是著名的"桐叶封弟"的故事。

说话"信而有征"不仅仅是对君王、君子的要求，也不仅仅是道德方面的要求，做学问也同样如此。1936年，罗尔纲发表了一篇文章名叫《清代士大夫好利风气的由来》，他的老师胡适看到后非常生气，写了一封长信严厉地责备说："这种文章是做不得的。这个题目根本就不能成立。"教导他："我近年教人，只有一句话：有几分证据，说几分话。有一分证据只可说一分话。有三分证据，然后可说三分话。治史者可以作大胆的假设，然而决不可作无证据的概论也。""有几分证据，说几分话"，这正是君子之言"信而有征"的表现。

诚者，天之道也；思诚者，人之道也。至诚而不动者，未之有也；不诚，未有能动者也。[①]（出自《孟子·离娄上》）

注 ① 朱熹注："诚者，理之在我者皆实而无伪，天道之本然也。思诚者，欲此理之在我者皆实而无伪，人道之当然也。杨氏曰：'动，便是验处，若获乎上、信乎友、悦于亲之类是也。'此章述《中庸》孔子之言，见思诚为修身之本，而明善又为思诚之本。乃子思所闻于曾子而孟子所受乎子思者，亦与《大学》相表里，学者宜潜心焉。"

诚信，是自然的规律；追求诚信，是做人的规律。极端真诚而不能使别人感动，这是未曾有过的事；不真诚，是不能感动别人的。

赏读

“天之道”与“人之道”是一以贯之的，人道本于天道。所以《中庸》说：“天命之谓性，率性之谓道”；《老子》说：“人法地，地法天，天法道，道法自然”；《周易》说：“天行健，君子以自强不息；地势坤，君子以厚德载物”，都反映了这种思维方式。孟子之所以认为诚是天之道，是因为我们唯有真诚反省自己，才能让父母高兴；父母对自己满意，才能得到朋友的信任；朋友信任自己，上司才能放心；上司放心，才能支持你，你才能实现修齐治平的理想。所以说，诚才是做人最根本的要求。所以二程说：“进学不诚则学杂，处事不诚则事败，自谋不诚则欺心而弃己，与人不诚则丧德而增怨。”

思考题

1. “守信”是中国传统美德，那么，我们平时允诺别人的事，是不是不惜任何代价都要做到？

2. 有人认为：“‘少数人靠觉悟，多数人靠制度’，目前在中国，加强诚信建设，关键在于制度化。”你怎么看待这个问题？

3. 结合自身实际情况，谈谈在日常生活中我们应该怎样做到“诚信”。

第六章 孝

一

有子曰："其为人也孝弟①，而好犯上②者，鲜③矣；不好犯上，而好作乱者，未之有也。君子务本④，本立而道⑤生。孝弟也者，其为仁之本与！"（出自《论语·学而》）

注　① 弟（tì）：通"悌"，即弟弟对待兄长的正确态度。孝、弟是孔子和儒家特别提倡的两个基本道德规范。

② 犯上：犯，冒犯、干犯。上，指在上位的人。

③ 鲜（xiǎn）：少。

④ 务本：务，专心、致力于。本，根本。

⑤ 道：此处的道，指孔子提倡的仁道，即以仁为核心的整个道德思想体系及其在实际生活的体现。简单讲，就是治国做人的基本原则。

有子说："孝顺父母，顺从兄长，而喜好触犯上层统治者，这样的人是很少见的。不喜好触犯上层统治者，而喜好造反的人是没有的。君子专心致力于根本的事务，根本建立了，治国做人的原则也就有了。孝顺父母、顺从兄长，这就是仁的根本啊！"

有若认为，人们如果能够在家中对父母尽孝，对兄长顺服，那么他在外就可以对国家尽忠，这样就可以维护国家和社会的安定。这与当时的社会制度是密不可分的。周天子实行嫡长子继承制，其余庶子则分封为诸侯，诸侯以下也是如此。整个社会从天子、诸侯到大夫这样一种政治结构，其基础是封建的宗法血缘关系，而孝悌说正反映了当时宗法制社会的道德要求。正是因为孝悌与社会安定直接相关，所以孔子才认为它是仁的根本。

二

身体发肤，受之父母，不敢毁伤，孝之始也。立身行道，扬名于后世，以显父母，孝之终也。夫孝，始于事亲，中于事君，终于立身。《大雅》云："无念①尔祖，聿②修厥德。"（出自《孝经·开宗明义章》）

① 无念：念也。无，语助词，无义。
② 聿：发语助词。

人的身体、四肢、毛发、皮肤，都是父母赋予的，不敢予以损毁伤残，这是孝的开始。人在世上遵循仁义道德，有所建树，显扬名声于后世，从而使父母显赫荣耀，这是孝的终极目标。所谓孝，最初是从侍奉父母开始，然后效力于国君，最终建功立业，功成名就。《诗经·大雅·文王》篇中说过："思念你的先祖，修养自己的德行。"

赏读

这是《孝经》中孔子教诲曾子的一席话，他认为孝是道德的根本，古圣先贤正是用它来治理天下，让民众学习和效法，于是社会上就出现了和睦相处的好风气，官吏和民众之间就没有相互怨恨的现象。

在儒家看来，"孝"绝不仅仅是孝敬父母，最终的落脚点还在家国天下。爱惜自己的身体不损毁它，只是孝的开始。遵循道德建立属于自己的声誉，让父母和先祖荣耀，这才是孝的终极目标。正因为这样，假如一个人能坚持"孝"，自然能够以此指导修身、治国，实现自我人生价值，同时也确保了社会安定。

所谓平天下[1]在治其国者，上[2]老老[3]而民兴孝，上长长[4]而民兴弟，上恤孤[5]而民不倍[6]，是以君子有絜矩[7]之道也。（出自《大学》）

注

① 平天下：以自身的道德力量使天下太平，而不是以暴力征服去平定天下。

② 上：此处的“上”指君主、帝王、皇上，下一个“上”泛指各级官员。

③ 老老：尊敬老人。前一个“老”字作动词，后一个“老”字作名词，意思是尽孝顺父母之道。

④ 长长：尊重兄长。前一个“长”字作动词，后一个“长”字作名词，意思是尽尊重兄长之道。

⑤ 恤孤：恤，体恤、怜爱，周济。孤，孤儿，古时候专指幼年丧失父亲的人。

⑥ 倍：通“背”，违背、背弃。

⑦ 絜（xié）矩之道：絜，度量。矩，画直角或方形用的尺子，引申为法度、规则。儒家以“絜矩”来象征道德上的准则，指一言一行要有示范作用。

所谓使天下太平的根本在于治理好自己的国家，是说：在上位的人尊敬老人，孝敬父母，老百姓就会大兴“孝”道，尊敬老人；在上位的人尊重兄长、爱护幼弟，老百姓就会大兴“弟”道，爱护幼小；在上位的人体恤救济孤儿，老百姓也

就不会背道而行。所以，品德高尚的人总是实行以身作则、推己及人的“絜矩之道”。

正所谓“上行下效”，“其身正，不令而行；其身不正，虽令不从”。假如你自身端正，做出表率时，不用下命令，被管理的人就会跟着行动起来；相反，如果你自身不端正，而要求被管理的人端正，那么，纵然三令五申，被管理者也不会服从。不管是教育孩子还是管理别人都是这个道理。所以，假如想要孩子孝顺，首先自己要孝顺父母。不喜欢孩子的某些行为，就不要用这些行为对待自己的父母。

四

父母有过[①]，下气怡色[②]柔声以谏[③]。谏若不入，起[④]敬起孝，说[⑤]则复谏；不说，与其得罪于乡党州闾[⑥]，宁孰谏[⑦]。父母怒，不说，而挞[⑧]之流血，不敢疾怨[⑨]，起敬起孝。（出自《礼记·内则》）

① 过：过错。

② 下气怡色：气色和悦，态度恭顺。

③ 谏：谏诤、规劝。

④ 起：更加。

⑤ 说：通“悦”。

⑥ 乡党州闾：泛指乡里。《周礼》曰：“二十五家为闾，四闾为族，五族为党，五党为州，五州为乡也。”

⑦ 宁孰谏：尽力规劝。

⑧ 挞：用鞭子或棍子打。

⑨ 疾怨：怨恨。

父母有了过失，做子女的要低声下气、和颜悦色地劝谏。劝谏如果不起作用，就应更加恭敬更加孝顺，等到他们高兴的时候再次劝谏。再次劝谏也可能招致父母的不高兴，但是与其让父母得罪于乡党州闾，宁可自己犯颜苦谏。如果犯颜苦谏招致父母大怒，把自己打得皮破血流，那也不敢生气埋怨，而是更加恭敬更加孝顺。

赏读

人非圣贤，孰能无过，尽管我们要孝敬、顺从父母，但是父母犯错的时候，我们也要劝谏，就像大臣要让君王无过失会劝谏一样。但是在劝谏父母的时候，一定要和颜悦色、温柔和气。假如父母不爱听，与其让父母由于过失而遭到乡人的羞辱和斥责，还不如自己在家里劝谏父母改正，这才是真正的孝顺。所以，孝顺父母并不是一切都顺从父母的意愿，假如看到父母错了却不劝谏阻止，那不是真正的孝顺。

《论语·里仁》里说："事父母几谏，见志不从，又敬不违，劳而不怨。""几谏"就是要不声张地、轻微地、找机会劝谏，不要以呵斥的方式，更不要以父母训诫自己的方式去劝谏，而是以孝敬的初衷，爱护父母的本心去感化，这样才能达到目的。

子曰："父母在，不远游，游必有方。"（出自《论语·里仁》）

孔子说："父母年迈在世，尽量不长期在外地。实在不得已，必须告诉父母去哪里，为什么去，什么时候回来。"

赏读

"父母在，不远游"是我们非常熟悉的一句话，其实它还有后半句"游必有方"。很多人曲解了这句话的意思，孔子并不是说，父母健在的时候我们就只能守在家里孝敬父母。《礼记·曲礼上》中的一句话，可以两相对照来看："夫为人子者，出必告，反必面，所游必有常，所习必有业。"做子女的外出，一定要把自己的去向告诉父母；办完事回到家，也必须面告父母，让他们知道自己已经回来，以免父母牵挂。出游一定要有个常去的地方，学习也要有个固定的方向。不让父母担心。这才是孔子的本意。之所以说不远游，是因为担心不能孝顺父母。在当时的社会，为人子女者，要么要以农耕赡养父母，要么需要照顾父母的起居，要么避免父母因子女远游而担心，等等。假如这些问题都解决了，也就是"有方"，那么"远游"就是可以的。

子曰："孝子之事亲也，居则致其敬，养则致其乐，病则致其忧，丧则致其哀，祭则致其严。五者备矣，然后能事亲。事亲者，居上不骄，为下不乱，在丑[1]不争。居上而骄则亡，为下而乱则刑，在丑而争则兵。三者不除，虽日用三牲之养，犹为不孝也。"（出自《孝经·纪孝行章》）

注 ① 丑：类、众。

孔子说："孝子对父母亲的侍奉，在日常家居的时候，要竭尽对父母的恭敬；在饮食生活的奉养中，要保持和悦愉快的心情去服侍；父母生病，要带着忧虑的心情去照料；父母去世了，要竭尽悲哀之情料理后事；至于父母去世后的祭祀，要尽到子女思慕父母的心，庄严肃静，回想父母生前容貌，就如同他们在身边一样。这五方面做得完备周到了，才称得上对父母尽到了子女的责任。侍奉父母双亲，要身居高位而不骄傲蛮横，身居下层而不为非作乱，在民众中间和顺相处、不与人争斗。身居高位而骄傲自大者势必要招致灭亡，在下层而为非作乱者免不了遭受刑法，在民众中争斗则会引起相互残杀。骄、乱、争三项恶事不戒除，即便对父母天天用牛羊猪三牲的肉食尽心奉养，也还是不孝之人啊。"

赏读 为人子女的要孝敬父母，不但要有充满至诚之心的"五致"，还要避免"骄、乱、争"这三项恶事。因为孝敬父母，不仅仅是一个家庭内部的事情。在《孝经》中有这样的句子："夫孝，天之经也，地之义也，人之行也""人之行，莫大于孝"。古人认为，"孝"是上天所定的规范，是诸多德行的根本，国君可以用孝治理国家，臣民能够用孝立身理家，保持爵禄。所以，孝敬父母，推而广之，就是要保重自己的身体、珍惜自己的名誉、修养自己的德行，这样才算得上是孝。

七

孟子曰："不孝有三，无后为大。舜不告而娶，为无后也，君子以为犹[1]告也。"（出自《孟子·离娄上》）

注 ① 犹：如同、好比。

孟子说："不孝有三种，以不守后代之责为大。舜没有告知父母就结婚了，这就是无后。但君子以为，和告知了差不多（因为舜离家在外，而且是尧要把女儿嫁给他。而此时，舜的父母对舜还有偏见，禀告他们并没有什么好处）。"

赏读

"不孝有三，无后为大"这句话是孟子为评价舜结婚这件事而说的：娶妻本来应该先告诉父母，但舜帝未禀告健在的父母，就娶了尧帝的二女为妻，这就是不守后代之责、不尽做后辈的本分，并没有现在"不生孩子就是不孝"的含义。

但汉代人赵岐为十三经作注，在注释孟子这段话时，翻译成现代文的意思是："一味顺从，见父母有过错而不劝说，使他们陷入不义之中，这是第一种不孝；家境贫穷，父母年老，自己却不去当官吃俸禄来供养父母，这是第二种不孝；不娶妻生子，断绝后代，这是第三种不孝。”从此，“无后为大”开始了长达千年的误解。

子曰：“父母之年，不可不知也。一则以喜，一则以惧。”（出自《论语·里仁》）

孔子说：“父母的年纪，不可以不知道。一方面为他们的高寿而高兴，一方面又为他们的衰老而恐惧。”

正所谓“人生七十古来稀”，子女长大成人，父母却逐渐衰老，尽孝时日无多，所以父母之年不可不知。叫你一想到，又是欢喜，又是忧惧。

《孔子家语》卷二《致思》篇里有一句名言“树欲静而风不止，子欲养而亲不待”，这个典故可以帮我们很好地理解这种感情：

有一次孔子外出，听到哭声很悲哀。孔子说：“快赶车，前边有贤者。”到了哭声之处，原来是皋鱼，他披着麻布短袄，抱着镰刀，在道旁哭。孔子下车对他说：“你又没有丧事，为什么哭得这么悲伤呢？”皋鱼说：“我有三个过失。年少时出外学习，周游诸侯，回来后双亲已经离世，这是第一失；因为我的志向高远，所以对崇尚奢华的君主无法委婉劝谏，这是第二失；我跟朋友虽交往深厚，但却逐渐断了来往，这是第三失。树欲静而风不止，当你想赡养双亲，可能他们已等不及便过世了。逝去就永远追不回来的是时光，过世后就再也见不到面的是双亲。请让我从此告别人世吧。”于是站立不动，枯槁而死。孔子说：“大家应引以为戒，经历过这件事，足以让人知道该怎么做了。”于是，学生们辞别回家赡养双亲的有十三人。

九

子夏问孝，子曰：“色难[1]。有事，弟子服[2]其劳；有酒食，先生[3]馔[4]，曾是以为孝乎？”（出自《论语·为政》）

注

① 色难：色，脸色，这里特指和颜悦色。难，不容易。
② 服：从事、担负。服劳即服侍。
③ 先生：指长者或父母，前面说的弟子指晚辈、儿女等。
④ 馔（zhuàn）：给吃喝。

今译

子夏问什么是孝，孔子说：“（当子女的要尽到孝），最不容易的就是对父母和颜悦色。仅仅是遇到需要做的事情儿女替父母做了，有了好吃的酒饭让父母享用，难道把这些就当作是孝了吗？”

赏读

在这段对“孝”的阐述中，孔子讲了三个方面：供养酒食，有事弟子服其劳，和颜悦色地对待他们。当然，它们也处于不同的层次，最重要的是要从内心深处真正地孝敬父母。不是看你做了什么，而是看你以怎样的态度去做，心中要时刻有“敬”。

关于“色难”，有一个著名的“卧冰求鲤”的故事。说的是晋朝时琅琊郡，有一个叫王祥的人，母亲很早就去世了，父亲后来娶了继母朱氏，给他生了个异母兄弟王览。这个朱氏偏爱亲生儿子，常常让王祥干重活、吃糙饭。但王祥对父母孝敬，从不懈怠。父母生病，王祥衣不解带，日夜照顾，汤药必先尝后进。继母要吃鲜鱼，天寒冰冻，没有地方购买。王祥冒着凛冽寒风，在河上脱衣卧冰，冰被暖化了，冰下竟跃出两条鲤鱼，他高兴地拿回家孝敬继母。继母死后，王祥悲痛，依礼安葬。这种做法，称得上是真的孝敬了。

子曰：“父在，观其志；父没[①]，观其行；三年无改于父之道，可谓孝矣。”（出自《论语·学而》）

注

① 没：通“殁”，死。

孔子说：“一个人的父亲在世的时候，考察这个人的志向；他父亲去世之后，考察他的行为。多年不改变父亲的为人准则，这个人就可以称为孝了。”

赏读

朱熹注说：“如不能无改于父之道，所行虽善亦不得为孝。”这样一来，无改于父之道成了最大的善，否则便是不善。这意味着父亲的绝对权威，过于片面地强调了儿子对父亲的依从。但在“三年无改于父之道”之前，还有一句“父在，观其志；父没，观其行”，孔子强调的重点可能在于“始终如一”。假如一个人在父亲健在的时候，表现出向善修身的模样，但是这一切只是出于父亲的压力而并非自己本心，那么父亲去世后这个人可能会很快改变自己。

思考题

1.“父母在，不远游”，孔子提出这一行为准则是希望子女如何行孝？这在交通便捷、开放流通的现代社会应如何理解？

2. 在中国传统观念中，我们要“孝顺父母”，你如何理解这个“顺”？

3. 对于今天“空巢老人”等社会问题，你认为我们该怎样加强“孝”的教育？

第七章 忠

一

子曰:“参乎!吾道一以贯[①]之。”曾子曰:“唯[②]。”子出,门人问曰:“何谓也?”曾子曰:“夫子之道,忠恕[③]而已矣。”(出自《论语·里仁》)

注

① 贯:串、贯通。

② 唯:是。

③ 忠恕:忠诚、宽容。

孔子说："曾参啊！我讲的道是由一种基本的思想贯彻始终的。"曾子回答说："是。"孔子出去以后，其他弟子问曾子："这是什么意思啊？"曾子说："夫子所说的道，大概就是忠恕罢了。"

赏读

有众多门人在，孔子专门叫住曾参说了一句话，而且是一句哑谜，但曾参听懂了，就如同迦叶拈花微笑一样。由此可见，孔子知道曾参是能听懂的，所以只需点到为止。后人对"一以贯之"颇有疑虑，既然是由一种基本思想贯彻始终的，为什么曾子说是"忠恕"，那不是两种思想吗？子贡曾经说过："夫子之文章，可得而闻也，夫子之言性与天道，不可得而闻也。"夫子在不同场合用很多不同的言语来解释仁义道德，但始终"道可道非常道"，不管是天道还是人道，对于曾子这样颖悟的学生，只需要说"吾道一以贯之"他就能明白。而曾子对于其他未能领悟的门人，只能用"忠恕"这些具体标准来解释。这里的"忠恕"，无限接近于夫子之道，但也并非等同。但无论如何，"忠恕"在孔子的思想体系中，地位都是非常重要的。

是故君子有大道，必忠信以得之，骄泰[1]以失之。（出自《大学》）

① 骄泰：骄横放纵。

因此治理国事的君子，必须有修己治人的法则：那就是忠诚信实才能得民心，骄傲、奢侈、放逸随便，必将失去民心。

赏读

这里的君子，是有职位的人，要想获得管理国家和臣民的方法，必须有“忠信”之心。显而易见，这里的“忠”并非我们后世的“忠君爱国”。事实上，孔子的“忠”更多是在强调要“尽己”，要尽心竭力、竭尽所能。

《论语·颜渊》中说：“子贡问友。子曰：‘忠告而善道之，不可则止，毋自辱焉。’”《论语·学而》中说：“曾子曰：‘吾日三省吾身——为人谋而不忠乎？与朋友交而不信乎？传不习乎？’”“与人谋”“交友”我们都需要“忠”，也就是尽心竭力对待别人。同时，儒家的“忠恕”本是统一的，如果能做到“己所不欲，勿施于人”，那么不仅可以称为“恕”，而且也可以称得上是“忠恕”。

子曰：“君子不重[①]，则不威；学则不固[②]。主忠信[③]。无[④]友不如己[⑤]者。过[⑥]，则勿惮[⑦]改。”（出自《论语·学而》）

① 重：庄重、自持。

② 学则不固：有两种解释，一是作坚固解，与上句相连，不庄重就没有威严，所学也不坚固；二是作固陋解，喻人见闻少，学了就可以不固陋。

③ 主忠信：以忠信为主。

④ 无：通“毋”，不要。

⑤ 不如己：一般解释为不如自己。另一种解释说“不如己者，不类乎己，所谓‘道不同不相为谋’也”。把“如”解释为“类似”。还有解释认为“如”通“恕”。

⑥ 过：过错、过失。

⑦ 惮（dàn）：害怕、畏惧。

孔子说：“君子，不庄重就没有威严；学习可以使人不闭塞。要以忠信为主。不要同不如自己的人交朋友。有了过错，就不要怕改正。”

后世我们常常“忠义”连用，但在《论语》中往往是“忠信”连用，二者一个对己一个对人，相辅相成。

对于后半句“无友不如己者”，历来都是争辩的焦点。萧民元先生在《论语辨惑》中提出了另一种观点，他认为要正确理解“无友不如己者”，就要把“主忠信”连上去，“主忠信，无友不如己者”。意思是说，君子以忠信为重，不要与不重视忠信的人交朋友。因为小到个人修身，大到齐家治国，忠信都是君子立身行事的根本。假如这个人不像自己一样无比重视忠信，就不要和他做朋友。

尽心于人曰忠，不欺于己曰信。（出自《四言铭系述》）

为别人尽心就叫“忠”；不欺骗自己（的内心）就叫“信”。

赏读

作为儒家核心思想之一，“忠”原本指的是为人诚恳厚道、尽心尽力，尽力做好本分的事。虽然到了宋代以后，“忠”发展成为一种臣民绝对服从于君主及国家的单方面的道德义务。但在司马光这里，他用的仍然是“忠”原本的含义。

至于司马光本人，就是一个一生“忠信”的人，从一件小事就可见一斑：根据宋人朱彧的《萍洲可谈》记载，司马光闲居长安期间，有一次因为要闭门著书，也因为缺钱，就让一位仆人把自己平时骑的马牵到市场上去卖了，他嘱咐这位仆人：“这匹马夏季有肺病，出售时要先告诉买马的人。”仆人觉得不能理解：“哪有人像你这样的啊？我们卖马怎能把人家看不出的毛病说出来？”但是司马光却说：“一匹马多少钱事小，对人不讲真话，坏了做人的名声事大。我们做人必须要诚信，要是我们失去了诚信，损失将更大。”所以清人陈宏谋说：“司马光一生以至诚为主，以不欺为本。”

临患[1]不忘国，忠也。（出自《左传·昭公元年》）

注

① 患：祸患、灾难。

在面对祸患的时候不忘记国家，才是忠诚的品质。

这句话是有典故的。当时，鲁国的季武子进攻莒国，楚国和晋国商定，认为鲁国轻视盟约，要杀掉鲁国的使者叔孙豹。有人就向叔孙豹索要钱财，帮他说情。叔孙豹拒绝了，别人劝他说："财货是用来保护身体的，您有什么可吝惜呢？"叔孙豹回答："诸侯的会见，是为了保卫国家。我自己用财货来免于祸患，鲁国就必然受到进攻了，这是为它带来祸患啊，还有什么保卫可言？人之所以要墙壁，是用来遮挡坏人的。墙壁有裂缝，这是谁的过错？为了保卫反而让鲁国受攻击，我的罪过又超过了墙壁。虽然应当埋怨季孙，鲁国有什么罪过呢？叔孙出使季孙守国，一向就是这样的，我又去怨谁呢？"赵孟听到了这些话，就说："面临祸患而不忘记国家，这是忠心。想到危难而不放弃职守，这是诚意。为国家打算而不惜一死，这是坚定。计谋以上述三点作为主体，这是道义。有了这四点，难道可以诛戮吗？"然后就向楚国请求放了叔孙豹。

在孔孟那里，并没有"忠君"的概念。"忠"跟国家有关，是因为在面对忧患的时候，依然尽心尽力去完成自己的职责。即便是"君使臣以礼，臣事君以忠"，说的也是如果君主能按照礼来对待臣下，那么臣下就会尽心去做君所任命的分内之事。

从命而利君谓之顺，从命而不利君谓之谄[①]；逆命而利君谓之忠，逆命而不利君谓之篡[②]。（出自《荀子·臣道》）

① 谄：奉承、献媚。

② 篡：夺取。

服从君主的命令而有利于君主叫作顺从，服从君主的命令而不利于君主叫作谄媚；违抗君主的命令而有利于君主叫作忠诚，违抗君主的命令而不利于君主叫作篡夺。

孔孟对“忠”的定义是“尽心”，荀子虽然在《君子》篇中说“忠者，敦慎此者也”，把办事敦慎称为忠，但是荀子谈“忠”，基本上讲的是臣子应该如何忠于君王。在这篇《臣道》中，他专门讲臣之道如何，但是他的原则是“从道不从君”，从未说要对君王愚忠。

荀子认为：“不顾君主的荣辱，不顾国家的得失，只是苟且迎合君主、无原则地求取容身，以此来保住自己的俸禄、去豢养结交的党羽，这种人叫作国家的奸贼。君主有了错误的谋划、错误的行为，国家面临危险、政权将灭亡，这时大臣、父兄中如果有人能向君主进呈意见，意见被采用就好，不被采用就离去，这叫作劝谏；如果有人能向君主进呈意见，意见被采用就好，不被采用就殉身，这叫作苦诤；如果有人能联合有智慧的人同心协力，率领群臣百官一起强迫君主、纠正君主，君主虽然不服，却不能不听从，于是就靠此消除了国家的大忧患，去掉了国家的大祸害，结果使君主尊贵、国家安定，这叫作辅助；如果有人能抗拒君主的命令，借用君主的权力，反对君主的错误行为，因而使国家转危为安，除去了君主蒙受的耻辱，功劳足够用来

成就国家的重大利益，这叫作匡正。所以劝谏、苦诤、辅助、匡正的人，是维护国家政权的大臣，是国君的宝贵财富，是英明的君主所尊敬优待的。但愚昧的主子、糊涂的国君却把他们看作自己的敌人。”

于是，相对应地，“使圣人尊贵的君主能称王天下，使贤人尊贵的君主能称霸诸侯，尊敬贤人的君主可以存在下去，怠慢贤人的君主就会灭亡，从古到今都是一样的”。

所谓道，忠于民而信[1]于神也。上思利民，忠也。（出自《左传·桓公六年》）

① 信：取信、守信用。

什么是道呢？就是忠于人民，取信于鬼神。在上位的国君经常考虑做有利于民众的事，就是忠。

桓公六年的时候，楚武王侵袭随国。楚故意“毁军”，做出军队缺乏战斗力的假象，引诱随与之交战。随国内部在是否与楚交战问题上发生分歧。大夫季梁反对与楚交战，他说：“臣听说，小国之所以能抗拒大国，是因为小国得道而大国淫暴。什么是道呢？就是忠于人民，取信于鬼神。国君经常考虑如何利民，就是忠。祝官史官老老实实向神灵祭告，就是信。现在人民在挨饿而君王纵情享乐，祝官史官却在祭神时虚报功德，臣不知道这样如何能抗拒大国！”这里的“忠”，是就国君而言的，国君要做有利于人们的事，忠于百姓。

其实在孔孟那里，君臣关系一直是相对的。在《孟子·离娄下》中，“孟子告齐宣王曰：‘君之视臣如手足，则臣视君如腹心。君之视臣如犬马，则臣视君如国人。君之视臣如土芥，则臣视君如寇仇’”。忠绝对不是无原则地听从上司、君主之命，而是君臣、上下都要尽心。而且，如果上级做事情认真严肃，下属、下级做事自然就认真严肃；上级有孝顺和慈悲的精神，下属、下级做事自然就尽心竭力；国君忠于民，百姓自然就忠于君。

有大忠者，有次忠者，有下忠者，有国贼者。以德复[①]君而化之，大忠也；以德调君而补[②]之，次忠也；以是谏非而怒之，下忠也；不恤[③]君之荣辱，不恤国之臧否[④]，偷合苟容，以之持禄养交而已耳，国贼也。（出自《荀子·臣道》）

注

① 复：通“覆”，遮盖、笼罩。
② 补：当为“辅”。
③ 恤：忧虑、忧患。
④ 臧否（pǐ）：善恶、得失。

今译

有头等的忠臣，有次一等的忠臣，有下等的忠臣，有国家的奸贼。用正确的原则熏陶君主而感化他，是头等的忠诚；用道德来调养君主而辅助他，是次一等的忠诚；用正确的去劝阻君主的错误却触怒了他，是下等的忠诚；不顾君主的荣辱，不顾国家的得失，只是苟且迎合君主、无原则地求取容身，以此来保住自己的俸禄、去豢养结交党羽，这是国家的奸贼。

在讲了这段话之后，荀子还举例说明："若周公之于成王也，可谓大忠矣；若管仲之于桓公，可谓次忠矣；若子胥之于夫差，可谓下忠矣；若曹触龙之于纣者，可谓国贼矣。"

像周公对待成王那样，可以说是头等的忠诚了。周公辅佐年幼的成王，从十三岁到二十岁，代理天子职权，一心朝政，忠心不二。他排内忧，征外患，巩固了周王朝的统治，并给"成康之治"奠定了基础；像管仲对于齐桓公，经过近三十年的苦心经营，辅佐齐桓公先后主持了三次武装会盟，六次和平会盟，还辅助王室一次，史称'九合诸侯，一匡天下'，让齐桓公成为公认的霸主，这可以说是次一等的忠诚了；像伍子胥对于夫差那样，几次劝谏却不被接受，最终被赐死，这可以说是下等的忠诚了；像曹触龙对于商纣王那样，可以说是国家的奸贼了。

思考题

1. 试根据本章内容，谈谈孔孟对"忠"的理解。

2. 荀子的"忠"有几个层次？分别是什么？

3. 在《三国演义》中，"忠"的代表是关羽，而不是张飞，为什么？试谈谈你的理解。

第八章 勇

一

子谓颜渊曰："用之则行，舍之则藏①，惟我与尔有是夫！"子路曰："子行三军②，则谁与③？"子曰："暴虎冯河④，死而无悔者，吾不与也。必也临事而惧⑤，好谋而成者也。"（出自《论语·述而》）

注

① 舍之则藏：舍，舍弃、不用。藏，隐藏。
② 三军：是当时大国所有的军队，每军约一万二千五百人。
③ 与：在一起。
④ 暴虎：空拳赤手与老虎进行搏斗。冯河：无船而徒步过河。

⑤ 临事而惧：惧是谨慎、警惕的意思。遇到事情便格外小心谨慎。

今译

孔子对颜渊说："被任用，就施展抱负，不被任用，就能藏身自爱，只有我和你才能做到这样吧！"子路问孔子说："老师您如果统帅三军，那么您和谁在一起共事呢？"孔子说："赤手空拳和老虎搏斗，徒步涉水过河，死了都不会后悔的人，我是不会和他在一起共事的。我要找的，一定要是遇事小心谨慎，善于谋划而能完成任务的人。"

赏读

孔子在这章中说："暴虎冯河，死而无悔者，吾不与也。"因为这种人虽然视死如归，但有勇无谋，是不能成就大事的。而"临事而惧，好谋而成"的那种人，智勇兼有，才更符合"勇"的标准。这段话更多是针对子路来说的，因为从《论语》中我们可以看到，孔子屡次说子路勇敢、莽撞、刚强，甚至有一次还说"若由也，不得其死然"，担心子路不得好死。当然，最后子路也是因为刚强而死状极惨。所以，孔子说这些话，是希望子路不要勇猛过头，要懂得退却和谨慎。

子曰："道不行，乘桴[①]浮于海。从[②]我者，其由与？"子路闻之喜。子曰："由也好勇过我，无所取材。"（出自《论语·公冶长》）

① 桴（fú）：小的竹、木筏子。

② 从：跟随、随从。

孔子说："如果我的主张行不通，我就乘上木筏子到海外去。能跟从我的大概只有仲由吧！"子路听到这话很高兴。孔子说："仲由啊，好勇超过了我，其他没有什么可取的才能。"

"由也好勇过我，无所取材"这句话有不同解释，另一种解释是"仲由啊！好勇超过了我，这样的人才是很难找得到的呀！"

不管怎样解释，子路的胆色勇力和做事果断，孔子一直都是肯定的。子路年轻时就以勇力闻名，后来做了孔子的学生。孔子曾对别人说："自从我有了子路后，再也没有人敢当面恶言恶语中伤我了。"但是对于子路的勇猛，孔子也是因材施教，希望他能够懂得收敛，更符合中庸之道。这一点，我们在《论语·先进》中可以很清楚地看到：

子路问："听到什么就行动起来吗？"孔子说："有父亲和兄长在世，怎么能听到什么就行动起来呢？"冉有问："听到什么就行动起来吗？"孔子说："听到什么就行动起来。"公西华说："子路问听到什么就行动起来吗，您说有父亲和兄长在世，怎么可以听到了就去做。冉求问听到什么就行动起来吗，您却说听到什么就行动起来。我不理解您为什么这样，所以冒昧地请教。"孔子说："冉求平时做事退缩，所以我鼓励他勇进；仲由平时好勇过人，所以我让他谦退。"

子路曰："君子[1]尚勇乎？"子曰："君子义以为上，君子有勇而无义为乱，小人[2]有勇而无义为盗[3]。"（出自《论语·阳货》）

注 ① 君子：通常指才德出众的人，在此指社会地位高的人。
② 小人：平民百姓。
③ 盗：强盗。

子路说："君子崇尚勇敢吗？"孔子答道："君子以义作为最高尚的品德，君子有勇无义就会作乱，小人有勇无义就会成为匪盗。"

子路本来就是一个勇猛、崇尚武力的人，最初子路去见孔子时，"冠以雄鸡，佩以豭豚。二物皆勇，子路好勇，故冠之"。也就是说，用公鸡毛插在头上，穿着皮衣服，像一只斗鸡一样，雄赳赳地去见孔子，好勇之态呼之欲出。所以他会问夫子，难道一个人只需要读书做学问吗？君子是否崇尚武力呢？应不应该勇敢呢？孔子说自己并不反对勇，勇也是一个非常重要的德目，但是，勇要有"义"作为保障。假如社会地位高的人，没有义的修养，只有"勇"就容易作乱，使社会混乱。而社会地位低的人，如果没有义作基础，就容易干坏事，成为匪盗之流。

四

有狗彘之勇者，有贾盗之勇者，有小人之勇者，有士君子[1]之勇者：争饮食，无廉耻，不知是非，不辟[2]死伤，不畏众强，恈恈然[3]唯利[4]饮食之见，是狗彘之勇也。为事利，争货财，无辞让，果敢而振，猛贪而戾，恈恈然唯利之见，是贾盗之勇也。轻死而暴，是小人之勇也。义之所在，不倾于权，不顾其利，举国而与之不为改视，重死持义而不桡[5]，是士君子之勇也。（出自《荀子·荣辱》）

注

① 士君子：有志操和学问的人。
② 辟：通“避”。
③ 恈恈然：贪爱貌，非常想要的样子。
④ 利：衍文，宜删。
⑤ 桡：弯曲、屈从。

有狗和猪的勇敢，有商人和盗贼的勇敢，有小人的勇敢，有士君子的勇敢。争喝抢吃，没有廉耻，不懂是非，不顾死伤，不怕众人的强大，眼红得只看到吃喝，这是狗和猪的勇敢；做事图利，争夺财物，没有推让，行动果断大胆而振奋，心肠凶猛、贪婪而暴戾，眼红得只看见财利，这是商人和盗贼的勇敢；不在乎死亡而行为暴虐，是小人的勇敢；合乎道义的地方，就不屈服于权势，不顾自己的利益，把整个国家都给他，他也不改变观点，虽然看重生命，但坚持正义而不屈不挠，这是士君子的勇敢。

荀子在这里给我们展示了四种不同的勇敢：猪狗抢食物，没有廉耻，看到利益不顾一切，这就是猪狗之勇；商贾之勇是指见利忘义的商人；小人之勇就是一般的匹夫之勇；而士君子之勇，是荀子提倡的，也是儒家所提倡的。儒家绝对不排斥勇，但他们不主张为了一己之私而争斗。孟子说“富贵不能淫，贫贱不能移，威武不能屈，此之谓大丈夫”，这才是士君子之勇，也是儒家提倡的勇。

子曰：“非其鬼①而祭之，谄也。见义不为，无勇也。”（出自《论语·为政》）

注

① 鬼：祖先。

孔子说：“不是你当祭的祖先而祭他，这是你存心谄媚；遇见你该当做的事不做，这是你没勇气。”

孔子极其重视“礼”，认为我们的一切举动都应该合乎“礼”，名正言顺。人祭祀鬼神也是这样，要有自己的名分。比如，天子可以祭祀天地，诸侯可以祭祀山川，大夫可以祭祀金木水火土五官之神，庶人祭祀祖先。这些都是名正言顺，可以祭祀的。但假如不是自己应当祭祀的人却去祭祀，那是为了谄媚鬼神，从而祈求利益，这是不合“礼”的。而合乎“礼义”的事情我们就应该去做，这是勇，即“见义勇为”。

假如是符合道义的事情，却退缩不能直面，那就是“无勇”，是怯懦的表现。

这两句话原本都没有问题，问题是两者放在一起讨论，何意？不少学者认为这是两个小节，彼此没有多少联系。钱穆《论语新解》说：“本章连举两事，若不伦类，然皆直指人心。盖社会种种不道与菲义，皆由人心病痛中来，如谄与无勇皆是。孔门重仁，乃心教最要纲领。”事实上，这句话放在《为政》篇的最后，很可能是一种总结，是对于“为政”者的要求。正如徐三重《信古余论》卷四释“见义不为，无勇也”时所说的那样：“‘为’固当‘勇’，‘见’亦须真，故学以精‘义’为先。”明白哪些事情该做，哪些事情不该做，才能成为“为政以德”的君子。

昔者曾子谓子襄曰：“子好勇乎？吾尝闻大勇于夫子矣：自反①而不缩，虽褐②宽博③，吾不惴④焉；自反而缩，虽千万人，吾往矣。”（出自《孟子·公孙丑上》）

① 自反：反躬自问、自己反省。

② 褐：指粗布或粗布衣，古时贫贱者之服，最早用葛、兽毛，后通常指大麻、兽毛的粗加工品。

③ 宽博：衣服宽大。

④ 惴：恐惧。

从前，曾子对子襄说：“你喜欢勇敢吗？我曾经在孔子那里听到过关于大勇的道理：反省自己觉得理亏，那么即使对普通百姓，我也不去恐吓；反省自己觉得理直，纵然面对千万人，我也勇往直前。”

赏读

孟子在《公孙丑上》中引用这句话是有前因后果的。起因是孟子的学生公孙丑问老师：“如果让您担任齐国的卿相，能够实行您的主张了，那么即使因此而建立了霸业或王业，也不必感到奇怪的了。如果这样，您动心不动心呢？”

孟子的回答是：“不，我四十岁起就不动心了。”

公孙丑说：“如果这样，老师就远远超过孟贲了。”孟贲是古代著名的勇士，非常崇尚“勇”。根据《太平御览》的说法，有人问他选择生还是选择勇，他选择勇；问他选择富还是选择勇，他还是选择勇；问他选择贵还是选择勇，他依然选择勇。正因为这样，所以他能够做到无所畏惧，留下了很多轶事。所以，公孙丑夸奖孟子比孟贲“勇”。

但是，孟子却说：“做到这点不难，告子在我之前就做到不动心了。”

公孙丑问：“做到不动心有什么方法吗？”

孟子在回答时就引用了曾子的这句话，认为“虽千万人，吾往矣”，这才是一种巨大的勇气和气魄。

好学近乎知，力行近乎仁，知耻近乎勇乎。知斯三者，则知所以修身；知所以修身，则知所以治人；知所以治人，则知所以治天下国家矣。（选自《中庸》）

爱好学习接近于智慧，亲自去做接近于仁义，知道羞耻接近于勇敢。明白这三种道理的人，就知道如何修炼自身；知道了如何修炼自身，就知道如何管理别人；知道了如何管理别人，就知道了如何治理天下国家。

“知耻近乎勇”为今人所熟知，意思是说知道羞耻就接近勇敢了。因为一个人只有懂得羞耻，才能自省自勉，奋发图强。而有羞耻心的人，才能勇敢地面对自己的错误，战胜自我，这是“勇”的表现。典型例子就是一个叫周处的人，他生活在东晋时期，年轻时争强好斗，横行乡里，人们把他和山上的老虎、水中的蛟龙并称“三害”。为了除掉这三害，人们劝周处去除掉另外两害，周处上山杀了虎，又入水斩蛟，几天几夜不见回来，人们以为他和蛟两败俱伤，就热烈庆贺起来。这时候周处回来了，看到这一情景，这才知道人们多么痛恨自己，从此决心痛改前非，这才是真正的“勇”。后来他弃恶从善，成为朝廷重臣，最终战死沙场，为国尽忠，留下了美名。

孟子说：“人不可以无耻，无耻之耻，无耻矣。”意思是说，人不可以没有羞耻之心，不知羞耻的那种耻辱，就是无耻啊！明代学者吕坤也说过：“五刑不如一耻。”对老百姓施以重刑，不如让他们知道什么是耻辱，因为有了廉耻之心，才能产生一种内在的驱动力，就像周处一样，能够明辨是非，一心向善。

文王一怒而安天下之民。……而武王亦一怒而安天下之民。今王亦一怒而安天下之民，民惟恐王之不好勇也。（出自《孟子·梁惠王下》）

周文王一怒便使天下百姓都得到安定。……周武王也是一怒便使天下百姓都得到安定。如今大王如果也做到一怒便使天下百姓都得到安定，那么，老百姓就会唯恐大王不喜好勇了啊。

赏读

在孟子看来，“勇”是有等级之分的。勇有大勇与小勇，大勇可以大到安天下，小勇则小到只能力敌一人。

在孟子与齐宣王的这段对话中，齐宣王说：“我有个毛病，就是逞强好勇。”孟子说：“那就请大王不要好小勇。有的人动辄按剑瞪眼说：‘他怎么敢抵挡我呢？’这其实只是匹夫之勇，只能与个把人较量。大王请不要喜好这样的匹夫之勇！《诗经》中有言：‘文王义愤激昂，发令调兵遣将，把侵略莒国的敌军阻挡，增添了周国的吉祥，不辜负天下百姓的期望。’这是周文王的勇。周文王一怒便使天下百姓都得到安定。《尚书》说：‘上天降生了老百姓，又替他们降生了君王，降生了师表，这些君王和师表的唯一责任，就是帮助上天来爱护老百姓。所以，天下四方的有罪者和无罪者，都由我来负责，普天之下，何人敢超越上天的意志呢？’所以，只要有一人在天下横行霸道，周武王便感到羞耻。这是周武王的勇。周武王也是一怒便使天下百姓都得到安定。如今大王如果也做到一怒便使天下百姓都得到安定，那么，老百姓就会唯恐大王不喜好勇了啊。”

1. 子路问成人。子曰：“若臧武仲之知，公绰之不欲，卞庄子

之勇，冉求之艺，文之以礼乐，亦可以为成人矣。”请你结合自己的理解谈谈，为什么孔子认为具备完善人格的人，应当富有智慧、克制、勇敢、多才多艺和礼乐修饰？“勇”在其中是什么地位？

2. 苏轼在《留侯论》中说：“天下有大勇者，卒然临之而不惊，无故加之而不怒。此其所挟持者甚大，而其志甚远也。”你知道后世还有哪些关于“勇”的论述吗？

3. 假如我们明知道自己“见义勇为”会招致伤害，甚至可能危及生命，还应不应该“勇为”？

本书选句的原文出自《论语译注》（杨伯峻译注，中华书局 1980 年版），《孟子译注》（杨伯峻译注，中华书局 2010 年版），《春秋左传注》（杨伯峻编著，中华书局 2009 年版），《荀子》（方勇、李波译注，中华书局 2011 年版），《礼记译解》（王文锦译解，中华书局 2001 年版），《管子校注》（黎翔凤撰、梁运华整理，中华书局 2004 年版），《孝经注疏》（李隆基注、刑昺疏，上海古籍出版社 2009 年版）等。注释解读参考了朱熹的《四书章句集注》（中华书局 2011 年版）等书籍。

本书编写组

图书在版编目(CIP)数据
儒学经典名句选读 / 上海市老年教育普及教材编写委员会编.
—上海:上海教育出版社,2015.7
ISBN 978-7-5444-6450-5

Ⅰ.①儒… Ⅱ.①上… Ⅲ.①儒家—通俗读物 Ⅳ.①B222-49

中国版本图书馆CIP数据核字(2015)第159026号

儒学经典名句选读
上海市老年教育普及教材编写委员会 编

出　　版　上海世纪出版股份有限公司
　　　　　上 海 教 育 出 版 社
发　　行　中国图书进出口上海公司
版　　次　2015 年 9 月第 1 版
书　　号　ISBN 978-7-5444-6450-5/G·5304

www.ingramcontent.com/pod-product-compliance
Lightning Source LLC
Chambersburg PA
CBHW081157170626
46813CB00009B/3221

* 9 7 8 7 5 4 4 4 6 4 5 0 5 *